Leonor Gnos · Zuletzt weiß es das Lied

Leonor Gnos

Zuletzt weiß es das Lied

Roman

Klaus Isele Editor

KLAUS ISELE EDITOR

Alle Rechte vorbehalten © Eggingen, 2023

Umschlagmotiv: Eric Amstutz

www.klausisele.de

© 2023 Leonor Gnos
Herstellung und Verlag:
BoD – Books on Demand, Norderstedt
ISBN 978-3-7578-8095-8

»Aber von mir und meinesgleichen fordert das Schicksal, der Welt als Waisen gegenüberzutreten und viele Jahre lang dem Schatten der verschwundenen Eltern nachzujagen. Uns bleibt nichts anderes übrig, als es zu versuchen und dem Ende unserer Mission entgegenzusehen, so gut wie wir es können, denn ehe wir sie nicht erfüllt haben, wird uns keine Ruhe vergönnt sein.«

Kazuo ISHIGURO, *Als wir Waisen waren*

TEIL EINS

Schnee, Schnee fiel auf die Stadt, als Judith zurückkam. Schnee wirbelte der Straße entlang ins Geäst der Bäume und bildete launische, vom Wind getriebene Formen. Erst legte der Schnee eine Schicht auf die Dächer, eine auf die Straßen und zuletzt eine weiße Decke über die andere. In der Luft hallten die Schläge der Kirchenuhr. Es war Mittag. Das Schild auf der andern Straßenseite neben dem Portal der »Städtischen Kinderkrippe Seemöwe« hinterließ keine Erinnerung in ihr. Sie war kaum drei Jahre alt gewesen, als ihre Eltern sie für einen Tag den Betreuerinnen anvertrauten, bevor sie mit ihr vor dem Eingang der Krippe »Englein flieg« spielten, sie hin und her wiegten, in die Luft schaukelten; flieg und nochmals flieg, hoch und höher bis in den Himmel, soll sie ganz verzückt gerufen haben, unersättlich im Schwingen und Singen, im Flattern und Fliegen. Daran glaubte sie sich zu erinnern. Dass ihr Vater und ihre Mutter sie zuletzt auf den Boden stellten, bevor sie sich umarmten, daran erinnerte sie sich nicht. Schon gar nicht an ihr Versprechen, sie am Abend nach der Tagesreise in den französischen Jura abzuholen. Später vernahm sie, dass ihre Eltern tödlich verunfallt waren. Die Suche nach Familienangehörigen blieb erfolglos. Den Namen Ital fand man bis auf einige wenige Personen in der Schweiz und in Frankreich nirgends. Kein echter Beweis für Judiths Vorhandensein. Sie war davongekommen. Der Eintrag im Register der Kinderkrippe lautete undeutlich auf Jude Ital. Ohne viel zu überlegen, nannten sie die Kinderbetreuerinnen Judith. Innert ein paar Monaten bekam sie Adoptiveltern. Von da an hieß sie Judith Roos.

Sie war nicht zurückgekommen, um die Spuren ihrer Kindheit zu suchen. Ein wehmütiges Gefühl für das Haus, in dem sie ein paar Jahre mit ihren Adoptiveltern verbracht hatte, fehlte ihr. Der rieselnde Schnee brachte ihr das Lied einer Internatsfreundin ins Gedächtnis zurück: *Ein flockiger Tag/auf seine Art/ fällt Schnee/ fällt und fällt/ lass dich nicht aufhalten/ stell dich ins Fahrwasser…* Sie ging schneller, sie wollte die Umgebung überfliegen, eher ganz auslassen. Aber die Örtlichkeiten zwangen sich ihrem Blick auf. Der Spielplatz, auf dem Kinder einander Schneebälle zuwarfen, sich stritten, Mütter auf dem Sprung waren, ihre Kleinen von den andern Kindern zu trennen, die Knaben mit Spielgewehren dazwischentraten. Die Väter waren abwesend. Das Haus ihrer Adoptiveltern hatte sie größer in Erinnerung, das Gärtchen davor kleiner, aber der Schneeteppich gab ihm Größe. Sie trat an die Klingelschilder heran. Berta Roos, 2. Stock. Fröstelnd band sie den Schal, den ihr Susan, eine andere Internatsfreundin, geschenkt hatte, enger um den Hals. Weiß passt zu Dir und zum Schnee, hatte sie erklärt. Von Weiß sagt man, dass es alle Farben in sich birgt und ihr Geheimnis bewahrt.

Judith trat zwei Schritte zurück, blickte hoch bis zu den Fenstern des zweiten Stockwerks. Eines war dasjenige ihres Kinderzimmers. Sie erinnerte sich, dass sie nachts oft von einer Gestalt geträumt hatte, die sie wiegte. Sie atmete mit diesem Schaukeln und der Stimme, die eine wiederkehrende Strophe sang: *ju ma le um saa/ da um se ju maa.* Sie hörte dem Lied zu, ihre Lippen bewegten sich klanglos mit den Silben *ju ma le um saa,* die Töne trafen nah auf ihr Ohr, *da um se ju maa,* zwischen Wiegen und Lauschen bis in ihren Hals, wo sich das Lied überschlug. Schwindlig versuchte sie, die Stimme zu halten, doch diese zog sich zurück, flaute ab und verstummte ganz. Mama, schrie sie, obwohl sie kein Recht hatte zu schreien. Sie erwachte schweißgebadet. Rings um sie stand die Finsternis.

Manchmal verscheuchte der Tag die Aufregung der Nacht. Sobald es dämmerte und die Wände blau wurden, schwand die Bestürzung. Aber der Tag war lang, wenn sie nicht Mama und Kind spielte. Mama war eine Schachfigur, die weiße Königin, und sie selbst eine mit Sägemehl gefüllte Stoffpuppe. Sie lag am Boden, krümmte sich. Komm, meine Kleine, was hast du denn?, fragte Mama mit singender Stimme. Sie breitete den Königsmantel aus und hob mit den Armen ihr Kind hoch. Das Licht, das durch das Fenster drang, schien auf ihre Hände. Das war der Moment, der die Zeit aufhob, der Moment, in dem Mama das Kind zu sich emporhob, es ihren Bauch spürte, die Brüste, die Schultern und neben ihrem Gesicht verweilte, direkt unter der Schachkrone. Mama kuschelte das Kind an ihrer Schulter zurecht. Wenn es dich nicht gäbe, flüsterte sie. Ganz nah an ihrem Ohr murmelte das Kind: Es gibt mich ja.

Judith schauderte. Gebannt schaute sie zum Fenster hoch. Nun war sie doch da, die Kindheit. Sie hörte ihre Adoptiveltern sagen, dass ihr Name vielleicht jüdisch sei. Sie wusste nicht, was damit gemeint war. Sie sah es nur in den Gesichtern, in den Augen, die auf ihre Füße starrten, als wäre sie ein Ratespiel, nicht ganz dies, nicht ganz das. Manchmal kamen sie auf sie zu und bestraften sie mit den gleichen Händen, mit denen sie die Kleider am Körper glatt strichen, das Brot brachen, einander zuwinkten. An den Anlass der Übergriffe erinnerte sich Judith nicht. Sie musste etwas nicht richtig gemacht, etwas Falsches gesagt oder nichts gesagt haben, etwas getan oder nicht getan haben. Die Zeit vor den Schuljahren war in ihrem Gedächtnis fast ausgelöscht. Dass sie im Gärtchen vor dem Haus Steine zu Schneckenlinien aufreihte, kam ihr in den Sinn, weil ihre Adoptivmutter gesagt hatte: Es ist Sonntag, geh unten spielen, und ihr Adoptivvater nachrief, am Sonntag haben auch die Vögel frei, sie fliegen leichter. Dass sie in die Luft guckte und den Schwalben nachschaute, die zwitschernd Kreise, Schleifen und Spiralen in den Himmel zeichneten. Dass sie sich heiter wieder ihrem Spiel mit den Steinen hingab.

Deutlich im Gedächtnis haften blieb ihr ein Schultag der zweiten oder dritten Klasse. Sie war nicht sicher, ob sie froh oder traurig sein sollte, dass die Adoptiveltern noch nicht von der Arbeit zurück waren, als sie nach Hause kam. Ganz benommen ging sie gleich in ihr Zimmer, um Mama und Kind zu spielen. Und jetzt, Mama, erzähle ich dir, wie es heute in der Klasse war. Da kommt unsere Judith, rief der Lehrer von weitem. Er machte ein freundliches Gesicht, und sein Blick wechselte nicht von einem Augenblick zum andern die Richtung. Die Kinder liefen mir entgegen. Alle wollten mit mir spielen. Ich spürte ihre Hände, klein wie meine. Wir drehten uns im Kreis, bis große Vögel mit bunten Federn niederschwebten, uns auf ihre Flügel nahmen und in die Luft trugen. Judith, riefen die Kinder, wir folgen dir mit den Vögeln bis zu den Wolken. Judith, klang es aus den Schnäbeln der Vögel, was für ein schöner Name, mit Judith fliegen wir um die Welt.

Dann erzählte sie Mama, dass sie über den Dächern der Stadt segelte, dass die Straßen und Plätze glänzten, die Waldhügel kahl wären und der See einem Teich glich.

Dass beim Anblick der in den Krippen und Schulanstalten verbliebenen Kinder die Vögel ungewöhnlich schnell weiterflogen.

Du bist sicher hungrig von der langen Reise, sagte Mama, du musst ein großes Stück Apfelkuchen essen. Das Kind rutschte bis zum Saum des Königsmantels hinunter. Es begann zu dämmern, als Mama den Kuchen auftrug und gleich die Kerzen am Leuchter anzündete. So hell wie die Flammen war auch der Schein über der Stadt, sagte das Kind. Morgen holen uns die Vögel wieder. Ja, sagte Mama, ein Flug gibt den andern, die Vögel haben ein Gedächtnis im Lied, oder sagte sie, die Vögel haben ein Vermächtnis im Sieg? Das Kind wusste es nicht genau, denn mit einem Schlag ging die Türe auf. Der Luftzug löschte die Flammen, vertrieb auf der Stelle die Bilder.

Judith, rief ihre Adoptivmutter, wann hörst du auf, mit dieser schlampigen Stoffpuppe zu spielen, und was sagst du, hier bist du und nicht in der Luft, das wäre noch schöner. Hier dein Abendbrot, dann gehst du zu Bett, da werden dir die Träumereien vergehen. Sie nahm ihr die Stoffpuppe aus der Hand und warf sie zur Tür hinaus in den Abfalleimer.

Von außen drückte die Dämmerung gegen das Fenster. Judith aß schnell das Brot und legte sich ins Bett. Zwischen ihren zusammengepressten Fingern zuckte die weiße Königin. Sie hatte die Schachfigur retten können. Ihr kleiner Finger ersetzte das Kind. Aber das Spiel versiegte. In ihrem Hals steckte ein Kloß. Einen Schrei unterdrückend, steckte sie die Finger in den Mund. Die Königin war ihr aus der Hand in die Kuhle der Brust gefallen.

Judith zitterte. Der Gedanke an den vergangenen Schultag schüttelte sie. Sie sah den Weg, an dem beidseitig die

Knaben standen, als machten sie ihr Platz, um sie vorbei zu lassen. Sie sah die lauernden Gesichter, die bis zum Schlitz verengten Augen, die angespannten Oberkörper, das unverschämt wippende Schuhwerk. Sie trugen den Schulranzen auf dem Rücken, ihre Hände waren frei. Sie ging im Taumel hindurch. Sie fühlte sich nackt, als wäre sie doppelt sichtbar. Die Knaben rückten vor, pufften sie, zogen sie an den Händen. Sie stürzte, umgeben von Hosenbeinen, die sich in nichts unterschieden. Die Jungen riefen: Heirassa, Juditha, uns zu schweren Füßen, welchen willst du küssen? Juditha, heirassa, alle unbeschnitten, welchen willst du kitten? Heirassa, Juditha, sag es schnell, sonst töten wir dich auf der Stell.

Sie verstand nicht, was sie meinten. Über ihre Lippen kroch etwas Warmes, sickerte aufs Straßenpflaster. Während sie der roten Spur folgte, kam irgendwoher ein Signal, ein Pfiff. Sie war allein, als sie aufstand. Sie wischte sich das Blut, den Schmutz und die Tränen vom Gesicht.

Da bist du also, sagte der Lehrer im Klassenzimmer. Geh und wasch dir die Hände!

Die Mädchen seufzten auf, die Knaben zischten: Sei bloß still, sonst drücken wir dir den Schädel ein.

Unter den von allen Seiten hervorschießenden Blicken kam sie sich lächerlich vor. Nicht, dass sie lieber ein Knabe gewesen wäre. Das wilde Geschrei, die Marschschritte, die Bewunderung für einen Sportsmann, einen Helden oder ein Monster schreckten sie ab. Aber sie war auch nicht stolz auf ihr Geschlecht. Sie empfand den Gedanken daran zu eingebildet. Erst später nahm er Gestalt an, während andere Einfälle unwirklich blieben.

Über dem Waschbecken spiegelte sich ihr Gesicht mit den Blut- und Dreckspuren. Sie musste sich übergeben.

Mit der Hand hielt sie ihre langen Haare im Nacken fest. Als die Übelkeit abflaute, sah sie von Anfang bis Ende den zurückgelegten Weg, den sie in umgekehrter Richtung nochmals gehen musste. Sie schloss die Augen vor Panik. Sie wollte nicht tot sein, nicht hier und nicht dort auf der Strecke.

Im Korridor hörte sie aus dem Klassenzimmer die Stimme des Lehrers und das Räuspern der Kinder. Bei ihrem Eintritt wurde es still. Sie war wieder allen Blicken ausgesetzt und so angespannt, dass sie fast nichts wahrnahm. Die Bankreihen kamen ihr wie Wellen entgegen. Sie musste da hindurchgehen, soviel war ihr klar. Sie ließ sich vom Bild führen, das in der Nähe ihres Sitzplatzes hing. Es stellte ein Alpengebirge mit ewigem Schnee dar. Doch nun rutschte der Schnee von den Bergen herunter. Eine Lawine löste sich polternd von der Wand. Die Angst zog ihre Muskeln zusammen. Sie verfing sich mit den Füßen im Riemen der Schultasche und stürzte. Die Kinder kicherten.

Ja, man nimmt eine Treppe nicht mit dem Kopf zuerst, sagte der Lehrer.

Das ist es nicht, wollte sie entgegnen, drückte sich aber in die Schulbank. Der Schnee war ins Bild zurückgerieselt und blieb ewig auf den Bergen.

Auf dem Weg nach Hause waren die Mädchen bereits verschwunden. Sie blieb hinter den Knaben zurück, dem Schulhaus noch nah genug, um mit einem Satz kehrt zu machen. Der eine oder andere drehte sich nach ihr um. Sie sammelte ihre Gedanken. Auf dem Weg gab es Verzweigungen, Abbiegungen, von denen sie noch nicht wusste, ob sie sich als Hinterhalt oder als Zuflucht eigneten. Laufen – jetzt – schnell – nach rechts, nach links schauen – und dann geradeaus, sagte eine Stimme in ihr. Sie rannte so leichtfüßig, dass die Knaben, die ihr, in einer Hausecke versteckt, Juditha, heirassa zuriefen, das Nachsehen hatten. Sie hörte ihre Schritte hinter sich, als sie schon zu Hause angelangt war und den Asphalt roch und ihren eigenen Schweiß.

Im Dunkel ihres Zimmers nahm sie die Finger aus dem Mund. Sie schloss die Königin in die Hände. Sie war am Ende dieses langen Schultags angekommen, wo es so wenig sichere Wege gab.

Schneeflocken fielen in Judiths offene Augen. Sie glaubte, dass sich hinter dem Fenster des Kinderzimmers etwas bewegte. Sie trat ein paar Schritte zurück. Was sich nicht hinter, sondern vor dem Fenster regte, war der weiße Schleier des Schnees. Sie erschrak. Ein Mann kam aus dem Haus, fragte sie, ob sie jemanden suchte. Sie schüttelte den Kopf, machte kehrt und ging auf die Straße zurück.

Sie dachte an das rätselhafte Gefühl, das ihr die Adoptiveltern vermittelt hatten. Oder betraf es nicht sie? War es nur die Idee, die sie sich von ihr machten, ein Bild, das nichts mit ihr selbst zu tun hatte? Abgewandt waren ihre Augen, abwesend die Herzen der Adoptiveltern. Als ihr Adoptivvater zum letzten Mal in der Küche neben ihr gesessen hatte, blieb es still und stumm zwischen den Gegenständen auf dem Tisch, dem Zucker in der Papiertüte, der Kaffeekanne, dem an allen Seiten angeschnittenen Butterklumpen. Nur der Zeiger der Küchenuhr tickte, und da war noch ein anderes Geräusch ihr gegenüber: die mahlenden Zähne ihrer Adoptivmutter. Sie selbst wagte kaum zu kauen unter ihren Blicken. Ihr Adoptivvater stützte sich mit beiden Armen auf dem Tisch ab, als hielte er auf diese Weise den Blick seiner Frau besser aus. Draußen lachten Kinder, spielten »Fang mich«, Gummibälle rollten, Fahrräder klingelten. Der Lärm auf der Straße breitete sich in der Küche aus als bitterer Scherz. Judith kaute daran wie an hartem Brot, sie würgte am Spaß der anderen Kinder. Sie konnte sich nirgends festhalten, ihre Füße reichten knapp auf den Boden. Im Kopf zählte sie die Zehen, eins, zwei, drei, vier, fünf und von neuem, eins, zwei, drei, bis das Rascheln der Papiertüte den Vorgang unterbrach. Ihr Adoptivvater gab reichlich Zucker ins

Glas, rührte den Kaffee um, schepperte immer schneller mit dem Löffel, wellte die Flüssigkeit an den Rand hoch, klatschte sie darüber hinaus. Dann flog der Löffel auf den Tisch. Erschrocken zog sie ihre Hände zurück. Ihr Adoptivvater hob das Glas und warf es gegen ihre Adoptivmutter. Judith bezeichnete jedes Objekt, das sie sah: Hand, Glas, Gesicht, Brühe, Scherben. Über das Gesicht ihrer Adoptivmutter rann Kaffee wie schwarzer Schweiß. Das Glas hinterließ eine Schnittspur. In einer Hosentasche verschwand die Hand. Ihr Adoptivvater stand auf und ging weg, um nicht mehr zurückzukehren. Judith blieb sitzen, die Hände in die Knie gekrallt, als wartete sie bei jedem Vorrücken des Uhrzeigers auf ein einschneidendes Ereignis. Ihre Adoptivmutter stand ebenfalls auf, räumte die Scherben weg, holte einen Putzlappen.

Geh in dein Zimmer, sagte sie. Du hast hier nichts verloren.

Judith fühlte ihren Körper für einen Augenblick in der Luft hängen, bevor sie aufstand und aus der Küche verschwand.

Im Rückblick mutete sie die Szene wie eine Vorübung für den spätern Abgang ins Kinderheim an. Die Furcht vor der Dunkelheit war mächtiger als ihr Denkvermögen. Eines Abends stand sie in der Dämmerung am Zimmerfenster und überlegte, ob sie Mama und Kind spielen sollte und womit sie das Kind ersetzen könnte. Unwahrscheinlich, dass die Stoffpuppe noch im Mülleimer lag, verschmiert zwischen Kaffeesatz, Apfelschalen und Speiseresten. Vor dem Haus standen Großbehälter. Sie legte die Schachkönigin aufs Bett und rannte gleich die Treppen hinunter. Außer Plastikflaschen und Blechdosen sah sie nichts im riesigen Abfallhaufen. Sie war zu klein, um darin zu wühlen. Zurück in der Wohnung, ging sie ihrem Schatten auf dem Fußboden nach. Vor und hinter den Wänden war es leer und still. Auf dem Weg ins Zimmer nahm sie eine Zeitschrift und eine Schachtel Streichhölzer mit. Sie versuchte noch etwas Brauchbares zu finden, das für sie einstand als Kind bei ihrer Mama, einen Gummi, ein Steinchen oder eine Haarklammer. Doch beim Anblick dieser Gegenstände fühlte sie sich elend. Im Zimmer wurde es immer dunkler, so dass sie es nicht mehr aushielt. Sie fachte ein Streichholz an, das sofort erlosch. Der angesengte Zündkopf roch nach dem Asphalt und ihrem Angstschweiß auf dem Schulweg. Sie versuchte, mehrere Hölzer zugleich anzufachen, damit diese Erinnerung verschwände, damit etwas anderes brenne und ihre Gedanken erhelle. Die Flammen brachen gleich in die Dunkelheit auf, züngelten am Zeitungspapier, knisterten durch die Bildberichte, schritten fort, wurden höher, und sie war glücklich, dass sie so energisch mit der Finsternis abrechneten. Erschrocken war sie erst – vor allem wegen der Schachkönigin –, als das Bett Feuer fing.

Verbrenne nicht, warte, schrie sie und sah, wie sie ihre Hand über den Flammen ausstreckte. Sie hielt den Atem an. Ihre rot leuchtenden Fingerbeeren erreichten fast die Figur, die in den Flammen lag. Und hätten gerade den Königsmantel berührt und die Schulter unter der Schachkrone. Sie hätte die Angst nicht gespürt und nicht den Schmerz, wenn dieser Schlag nicht gewesen wäre, mit dem sie weggezerrt und fortgestoßen wurde.

Im Kinderheim im andern Städtchen spielte sie nicht mehr Ma· und Kind. Träumte nur noch vom Lied und der

Gestalt. Einmal wiegte sie sich im Schlaf und atmete so lange durch das Lied, dass sie es laut aus sich heraus sang: *Ju ma le um saa, da um se ju maa*, und immer lauter. Die Finsternis verschwand aus dem Schlafraum, stieg aus den Fenstern, von denen es viel weniger gab als Betten. Die Schachkönigin hatte sie zu sich genommen. *Se ju maa*, schrie Judith und verstummte schlagartig. Die Hände auf ihrem Gesicht rochen nach Putzmittel. Mit einer Taschenlampe blitzte man ihr in die Augen. Sie wollte sich aufrichten, doch man band ihr schnell ein Tuch um, wie man es sonst beim Blindekuhspiel über die Augen knüpft.

Keine Schokolade am Sonntag, und die Konfitüre zum Frühstück kannst du dir auf dein Lied streichen.

Judith flüsterte ins Tuch, dass ihr Lied süß genug sei. Aber sie sang es nie mehr laut im Schlaf.

Neben ihr lag Juliette, die nicht gekichert hatte. Ihre Matratze war bereits nass, als sie wegen des Geschreis erwachte. Sie löste Judith den Knoten im Nacken und band sich selbst das Tuch wie einen Wickel um den Bauch. Zusammen hängten sie die nassgrauen Laken über das Bettgestell. Der Atem der wieder eingeschlafenen Mädchen nahm mit der Dunkelheit den ganzen Schlafraum ein. Nur Juliettes Augen glänzten auf Judiths Kissen. Sie glichen den Augen einer fiebernden Katze.

Am andern Morgen, als Judith das Brot in die Milch tunkte, sagte eine Heimerziehrin, deine Kehle war locker genug letzte Nacht, etwas Trockenheit kann ihr nicht schaden.

Die Knaben wussten bereits Bescheid, obschon ihr Schlafsaal in einem andern Stockwerk lag. Die Ereignisse sprachen sich rasch im ganzen Haus herum.

Ein Junge rief: Juditha, heirassa, ein süßes Lied, ein süßes Brot, machen deine Augen rot. Einige Jungen klopften mit den Löffeln auf den Tisch und trällerten: Heirassa, Juditha, tot, tot liegt das Lied im Schlot.

Die Erzieherin rief: Ruhe, bevor alle von ihren Stühlen hochsprangen und wie eine Horde Tiere in die Turnhalle rannten, in der ein Trainer die Kinder vor dem Weg zur Schule drillte.

Juliette berührte Judiths Arm.

Ich bin deine Freundin, sagte sie, während sie aus einem Papiertütchen Konfitüre auf eine Brotschnitte fließen ließ.

Judith hob den Kopf, ergriff die hingestreckte Hand. Sie aß das Brot, vergaß für ein paar Augenblicke die Spötteleien. Obschon Juliette blass und schmächtig aussah, lächelte sie unverzagt.

Der Trainer betrat die Halle und rief zum Sport auf. Ein Hürdenlauf über die Langbänke. Die andern rannten schon, aber Judith war auf einmal so müde, dass sie über die Geräte stolperte und überlegte, wie sie im Fallen stehen bleiben könnte. Die Jungen grölten, die Mädchen atmeten heftig.

Der Trainer rief, hoffentlich habt ihr euch entladen, ab in die Dusche, ich bin nicht sicher, ob ich euch als Eltern gewollt hätte.

Sie fragte Juliette, ob Eltern Kinder auf die Welt brächten, um sie abzuschieben, als wären sie nicht vorhanden. Und ob die Kinder ihre Eltern später dafür bestrafen würden.

Unsinn, sagte Juliette. Ich jedenfalls werde meine Mutter immer lieben.

Juliettes Überzeugung verblüffte Judith. Sie selbst hätte sich an diese Regeln nicht halten können, denn ihre Adoptivmutter blieb nach dem ersten und einzigen Besuch fort.

Es war ein Sonntag. Im Städtchen läuteten die Kirchen-
glocken zur Messe, als die Adoptivmutter über den Kies-
platz auf Judith zukam und sie von oben bis unten mus-
terte. Die Falten auf ihrer Stirn vertieften sich.

Du siehst merkwürdig aus, sagte sie.

Sie trug etwas Großgemustertes und einen weißen
Lackgürtel, der steif ihre Taille umfasste. Ihr Blick blieb
lange auf dem Boden haften, auf Judiths Schuhen, bis
dieser bewusst wurde, dass sie scharrte wie ein Huhn. Sie
schaute an sich herab und hörte, wie die Adoptivmutter
sich am Klappverschluss ihrer Tasche zu schaffen machte.
Vielleicht hat sie mir etwas mitgebracht, dachte Judith,
eine Stoffpuppe oder ein Schokoladenherz. Doch was ihr
die Adoptivmutter hinreichte, war ein Papiertaschentuch.

Putz dir gründlich die Nase!

Da die Adoptivmutter keine Zeit hatte, das Mittag-
essen abzuwarten, schlug Judith einen Spaziergang durch
das Tannenwäldchen vor, in dem sie sich manchmal auf
dem Weg zur Schule ängstigte, knackste es doch unent-
wegt im Gebüsch und den Bäumen. Manchmal hörte sie
Gelächter hinter sich, so dass sie über Wurzeln und Nes-
seln bis zur Straße rannte, die ins Städtchen führte. Wenn
meine Adoptivmutter bei mir ist, brauche ich für einmal
keine Angst zu haben, sagte sie sich, doch diese schüttelte
den Kopf. Ihr Blick schweifte über den Kiesplatz zu den
einparkenden Autos, zu den anderen Besuchern des Kin-
derheims.

Die Leute betrachtend, sagte sie: Väter, Mütter, El-
tern, man weiß es nicht.

Sie schaute Judith wie eine Erscheinung aus einem
fremden Teil der Welt an.

Mach keine Dummheiten, sonst behält dich niemand.

Dann ging sie. Judith wusste nicht, dass es für immer war, aber sie verstand, dass ihre Adoptivmutter nicht viel von ihr hielt. Und dass die Besucher nach der Visite in ihre Autos einstiegen, oftmals ohne den Kopf zu drehen, als hätten sie die Hunde, die sie in ihre Arme schlossen, im Kinderheim gestohlen.

Judith lief weiter im Schnee, gegen den Schnee, mit dem Schnee. Die Gebilde auf den Mauervorsprüngen der Häuser nahmen immer bizarrere Formen an. Fast ganz fehlte der Auto- und Personenverkehr. Ohnedies erstickten die Schneeschleier jeden Lärm. Judith streckte ihnen das Gesicht entgegen. Mit der Zunge holte sie die Flocken auf den Lippen. Wenn Regen schön macht, wie sie sagen, macht Schnee sachte und sanft. Sie dachte an die Mutter ihrer Freundin, die behutsam, bleich und kränklich war. Sie hinkte ein wenig, wenn sie über den Kiesplatz ging, mit der einen Hand den breitkrempigen Hut hielt und mit der andern winkte. Sie hatte helle Augen, blassgrün wie Jade. Sie kam jeden Sonntag und brachte auch Judith etwas mit. Einmal schenkte sie ihr einen Taschenspiegel.

Schau, sagte sie, was für lustige Grübchen in deinen Mundwinkeln liegen, wenn du lachst, wie Halbmöndchen.

Und sie küsste sie auf ihre Möndchen. Sie aß fast nichts am Mittagstisch, so dass Judith Angst hatte, sie würde auseinanderbrechen. Sie war nicht alt, nicht jung. Erst später verstand Judith, dass jeder Mensch vielfach sterbensfähig ist, während nicht jeder einfach lebensfähig ist.

An einem Ferientag im Sommer nahm Juliettes Mutter die beiden Mädchen mit an den See. Sie steuerte den Wagen, Juliette und Judith saßen hinten. Unter den weiten Sommerröcken, die sie auf dem Sitz auffächerten, trugen sie bereits den Badeanzug. Sie hielten ihr Gesicht dem Fahrtwind entgegen, winkten aus dem offenen Fenster den Passanten zu, den Gärten, der ganzen Gegend. Rührende Gesten, die Juliettes Mutter nicht so rasch vergaß. So wenig brauchte es, um den Ernst der Mädchen in Unbekümmertheit zu verwandeln. Sie fuhr einen Umweg, damit die Schule nicht in ihren Blick geriet. Auf einer Wiese am See entschieden sich alle für denselben Baum: einen sommergrünen Ahorn. Sie setzten sich in seinen Schatten, während die Mädchen gleich die Röcke abstreiften. Juliettes Mutter faltete ein Tischtuch auseinander, stellte Gläser mit Wasser und Fruchtsaft auf, füllte drei blumenverzierte Teller. Sie hatte zu Hause Salate vorbereitet, Fleischkugeln gebraten und Reis gekocht.

Es schmeckt köstlich, riefen die Mädchen.

Dieses Mal beteiligte sich auch Juliettes Mutter, aß und trank mit ihnen.

Was mögt ihr?, fragte sie.

Judith zählte auf: Weiße Gegenstände, Steine mit verschiedenen Formen in der Hand, den Vögeln nachschauen, Klängen und Geräuschen zuhören.

Juliette schaute ihre Mutter an: Ich liebe es, wenn du lachst, Mama, und wenn ich deinen Blick auf mir spüre. Auch Spiele mag ich sehr.

Und ich, erklärte Juliettes Mutter, ich gehe gern durch eine Landschaft mit weiten Wiesen und Feldern und einem Flusslauf, über den eine Brücke führt. Doch wo immer es ist, wäre ich am liebsten mit euch, Kinder. Sie seufzte, besann sich und sagte lachend, vielleicht ist es einmal möglich, dass wir zusammenkommen.

Die Brücke, Mama, sagte Juliette, wir müssen die Brücke finden.

Ein junger Mann mit einer Kamera blieb stehen. Darf ich eine Momentaufnahme machen?

Warum nicht, erwiderte Juliettes Mutter.

Sie rückten noch näher zusammen. Es surrte, der Mann knipste, um ihnen fast gleichzeitig die Aufnahme zu überreichen: drei Augenpaare, ein hellgrünes, ein blaues und ein schwarzes blinzeln in einen Zwischenraum. Juliettes Mutter legt beidseitig den Arm um die Mädchen, die ihre Hände zwischen den Beinen vergraben und einander anlachen. Sie selbst schaut in die Linse. Hinter ihnen steht der dicke Stamm des Ahorns, dessen Blätterwerk die Fotografie am obern Rand abschließt. Der untere Rahmen trifft auf die Reste des Picknicks. In diesem Bild halten sie den Moment an. Sie werden immer gleich alt sein. Elf und vierzig. Wir leben stets in diesem Augenblick, dachte Judith.

Juliettes Mutter gab dem jungen Mann ein paar Münzen und steckte das Bild in ihre Tasche.

Geht schwimmen, Kinder, sagte sie, ich bin im Zuschauerraum.

Die Mädchen hatten schon länger nicht mehr im See gebadet. Judith erinnerte sich an eine See-Episode, als sie im Sand ein Loch bis zum Wasser graben wollte und ihre Adoptiveltern vergebens um Hilfe rief, andere Kinder es ihr gleich vormachten, hier mit dem Spaten, dort mit dem Kessel, hier mit dem Sand, dort mit den Händen, und es dann doch nicht der Kanal war, den sie sich vorgestellt hatte. Erleichtert, dass das Alter der Sandspiele vorbei war, planschte sie mit Juliette, machte Purzelbäume, tauchte, schwamm und kraulte um die Wette, an die sich nach und nach ein paar Jungen anschlossen, bevor sie einander auf die Schultern hochnahmen, sich kreischend stürzen ließen, einander wieder packten, sich im Wasser umschlangen, ganz schnell, zwischen den Armen das Gesicht, zwischen den Beinen das Geschlecht, das Strömen und Treiben im Schwung mit den Wellen. Juliettes Mutter verfolgte ihr Spiel eine Weile, dann streckte sie sich unter dem Baum aus. Sie fühlte sich weit oben im schaukelnden Licht zwischen den Zweigen, dachte an Juliettes Vater, der plötzlich aufgehört hatte zu leben. Dachte an ihre Trauer, ihr Elend und ihre Unfähigkeit, sich um Juliette zu kümmern.

Judith schwamm ans Ufer, Juliette und zwei Jungen folgten nach. Sie stiegen aus dem Wasser, schüttelten sich wie Hunde, wrangen die Haare aus, lachten aus vollem Hals und rannten zu viert zum Ahorn.

Psst, sagte Juliette, meine Mama ist eingeschlafen.

Sie verstummten, setzten sich erst nebeneinander, legten sich dann auf den Bauch, cremten einander den Rücken ein, den Nacken, die Beine, kicherten bei der Berührung der Zehen und Fußsohlen.

Inzwischen hatte sich Juliettes Mutter aufgesetzt. Sie sagte: Oh, ihr habt Gesellschaft bekommen.

Während die Jungen ihre Namen nannten, raschelten plötzlich die Blätter im Baum. Explosionsartig löste sich ein Vogelschwarm aus den Zweigen, flog dicht über ihren Köpfen hinweg.

Wie bitte?

Simon und David. Wir haben einen Ball dabei, lasst uns im Wasser spielen!

Außer Juliettes Mutter sprangen alle gemeinsam auf. Sie spielten und badeten bis zum frühen Abend. Bis Juliettes Mutter aufstand und den Mädchen Zeichen gab, die sie zunächst nicht beachteten. Vom Kinderheim sagten sie den Jungen nichts, als sie sich verabschiedeten. Sie nannten nur ihre Schule. Ob es ein Glücksfall war oder ein Pech, dass die Jungen in einem andern Schulhaus ein und aus gingen, hätten sie nicht entschieden sagen können. Auf der Rückfahrt saßen sie stumm auf ihrem Platz. Juliettes Mutter sah im Rückspiegel die erhitzten Gesichter.

Ach, Kinder, sagte sie, habt ihr denn nicht mehr geduscht?

Doch, sagten sie, unsere Haare sind nicht trocken, und der Badeanzug ist noch feucht.

Duscht euch warm, bevor ihr zu Bett geht, versprochen?

Ja, klar. Juliette fügte hinzu: Wann sehen wir dich wieder, Mama?

Am Sonntag, sagte sie. Sie stiegen aus, umarmten einander, küssten sich auf die Wangen. Juliettes Mutter winkte mit der Hand.

Abends im Bett ließen Judith und Juliette die Bilder des Tages aufscheinen.

Die Jungen waren so nett und lustig, sagte die eine.

Und so kollegial, sie machten gemeinsame Sache mit uns, sagte die andere. Ich spürte überhaupt keine Angst.

Glaubst du, dass wir sie wieder sehen?

Möchtest du?

Ich weiß nicht. Was sagen wir wegen des Kinderheims?

Ja, was sagen wir? Dass wir uns besser mit Jungen wie Simon und David verstehen als mit denen im Kinderheim. Auf jeden Fall kommen sie mir freier vor.

Warum, glaubst du?

Vielleicht weil sie keine Angst haben?

Denkst du, die Jungen im Heim haben Angst?

Ich weiß nicht, jedenfalls machen sie mir Angst. Vielleicht verstecken sie die Angst.

Können die Jungen im Kinderheim etwas dafür, dass sie Angst haben?

Nein, sie können nichts dafür. Und wir auch nicht.

Von diesem Tag an sahen Juliette und Judith die Jungen im Kinderheim aus einem andern Blickwinkel. Sie fingen an zu vergleichen. Die Jungen im Heim kamen schlecht weg, weil sie immer so wild waren, vor allem streitsüchtig, als erwarteten sie von irgendwoher einen Angriff, dem dann doch keiner standhielt. Sie spielten gern Gangster und schlossen sich in Banden zusammen. Auch in der Schule fielen sie auf. Sie redeten laut, schlugen mit den Fäusten aufs Pult, forderten frech die Lehrer heraus, was die andern Schüler nicht unbedingt störte.

Die Angst ging ein und aus im Kinderheim. Auf dem Schulweg durchs Tannenwäldchen in die Stadt waren Juliette und Judith jeweils auf einen Vorsprung bedacht. Für Wagnisse reichte ihr Mut nicht aus.

An diesem verhängnisvollen Frühlingstag zwitscherten in den Linden am Ende des Kiesplatzes Hunderte von Spatzen in den frühen Morgen. Auf der Erde lag Laub, in dem die Schuhe auf halber Höhe versanken. Doch im Wäldchen war der Nadelboden weich und nachgiebig. Im Duschraum war Judith mit der großen Zehe auf eine Glasscherbe getreten. Juliette hatte den Splitter entfernt, ihr die Zehe abgeschleckt und sich mit der Scherbe gleich selbst in den Daumen geritzt, damit sie Blutsfreundinnen wurden.

Sie gingen unbesorgt und schwerelos. Obschon nichts knackte und knirschte, hielten sie sich an den Händen, die sich wie kleine Kissen anfühlten. Wanderkissen. Am Waldrand stieg die Straße steil bis zum Schulhaus an. Auf beiden Seiten standen von Rasenflächen und Gärten umgebene Ein- und Zweifamilienhäuser. Durch die Hecken drang der Geruch von Rosen und das Brüllen der Haushunde.

Damit der Duft der Blumen an uns nicht haften bleibt und wir weiterhin nach Kinderheim riechen, sagte Judith. Sieht man es mir an, dass ich keinen Vater habe und auch keine Mutter da ist? Sehe ich nicht verlassen und unerwünscht aus?

Das ist es nicht, sagte Juliette. Ich habe einen Vater, aber ich erinnere mich nicht an ihn. Er ist nach einem schweren Autounfall gestorben, als ich fünf Jahre alt war. Er kam aus Südfrankreich. Wir sondern uns ab, weil wir fürchten, mit unserer Angst aufzufallen. Wir sind zu früh im Klassenzimmer, um dieses Aufsehen nicht durch Fehler zu vergrößern. Und in den Pausen kapseln wir uns ab, argwöhnisch gegenüber allem.

Wir sind nicht eingegliedert, sagte Judith, wir fühlen uns nicht wohl, weder im Heim noch draußen im Freien.

Nach der Schule rannten sie die steile Straße zum Wald hinunter. Die Blumen entzogen ihnen ihren Duft.

Wir laufen zu schnell, sagte Judith.

Juliette drückte ihre Hand. Der Duft der Blumen rettet uns nicht, sagte sie, so kommen wir nicht weiter.

Sie hörten die Stimmen der Jungen vom Kinderheim und gerieten vor Schrecken fast aus dem Gleichgewicht. Judith brach in Schluchzen aus.

Auch die Vögel schreien im Flug, sagte Juliette und lachte schrill.

Ich flog mit den Vögeln zum Himmel, dachte Judith, und die Kinder riefen, wir folgen dir bis ans Ende der Welt. Aber jetzt schrie sie Mama und nochmals Mama. Ob sie ein Recht hatte zu schreien oder nicht, ließ sie gleichgültig. Mama, klopfte es im Asphalt, Mama, widerhallte es aus den Hecken, Mama, brüllte das Licht.

Juliette rief: Ja, ja und immer wieder: ja, ja.

Sie erreichten den Eingang des Waldes.

Juliettes Gesicht hob sich deutlich vom Schatten der Bäume ab, als sie sagte, meine Mutter gehört auch dir.

Judith schwieg, berührt ob dem Grossmut der Freundin, ihre Mutter mit ihr zu teilen.

Sie hatte das Gefühl, ihr Kopf laufe voran, ohne dass sie mit den Füßen nachkam. Die Wanderkissen waren feucht von ihren Fingern. Rasch trat sie zurück, um hinter Juliettes Rücken ihre andere Hand zu fassen. Sie verlor das Gleichgewicht und stürzte über eine Baumwurzel.

Dabei zog sie auch Juliette auf den Boden hinunter. Erschöpft blieben sie sitzen, ließen den Kopf in den Nacken fallen. Die Bäume standen, als wären sie in die Bläue des Himmels hineingewachsen.

Der Wald hat einen Boden, der Himmel eine Farbe, sagte Judith, das Heimkind hat einen Geruch und im Hals einen Knoten aus Angst.

Sie schauten einander ins Gesicht. Weil sie die Erde nicht spürten und die Bäume keinen Schutz boten, weil ihre Augen unausgeweint waren, griff sich Judith an den Hals, presste einen Schrei heraus und hätte doch lieber geweint. Aber auch der Schrei war zu viel.

Sei still, rief Juliette, damit können wir uns nicht fortbewegen, damit vergeht nur die Zeit.

Sie streckte ihr die Hände hin. Judith stand auf und sah alles auf einmal, die Bäume, die Schatten über dem Wurzelwerk, Juliettes angstvollen Blick, der sich auf die Stämme richtete. Ein Pfiff und heftiges Atmen, das nicht von ihnen kam. Die Jungen waren bereits hinter ihnen, zwei für jede.

Einer packte Judith am Arm, drückte sie in die Knie: Damit die Ameisen deinen Ohrwurm hören, sagte er, sing ihn sofort und laut!

Sie sang ihr Lied.

Lauter, befahl er, sonst kriecht dir der Wurm nicht auf die Zunge.

Sie fing nochmals an, aber das Gelächter des Jungen war lauter als ihre Stimme. Sie hörte Juliettes Schreie. Sie hatte keine Ahnung, was sie mit ihr machten.

Die Jungen grölten: Juliette pisst ins Bett einen gelben Seich, kommt der schwarze Rutschepeter, schlägt sie windelweich.

Blitzartig wurde Judith losgelassen. Sie blieb in ihrer kauernden Stellung, presste die Hände an die Ohren. Ein Pfeifton, ein Notsignal. Und fliehende Schritte. Dann war Stille.

Juliette lag rücklings auf einem Baumstrunk. Ihr Oberkörper war bis aufs Hemd entblößt. Judith sah die hervorstehenden Rippenknochen und das Blut an der Schläfe. Und ihre aufgerissenen Augen, die an ihr hinauf - und hinunter sprangen und nichts verstanden. Ein Blutschlänglein rann ihr in die Haare, von denen ein bittersüßer Geruch ausging, wie leicht angefaulte Beeren im Wald.

Judith nahm ihre Hand und küsste den winzigen Schnitt am Daumen. Ich lasse dich nicht allein, ich bleibe bei dir, bis Hilfe kommt. Sie deckte Juliette mit ihren Kleidern zu und murmelte immer wieder: Bitte, hab Geduld, bitte, es wird alles gut werden, denk an deine Mama, an unsere Mama.

Juliettes Blick beruhigte sich. Das Lächeln in ihren Augen bildete sich Judith eher ein, als dass sie es sah. Die Zeit verging nicht. Sie blieb in den Ziffern stecken. Judith konnte nur noch auf ein Wunder hoffen.

Juliette wurde ins Krankenhaus gebracht. Und die Jungen wurden in ein anderes Heim versetzt. Judith fühlte sich am Unfall mitschuldig, um so mehr, als ihr am Abend eine Erzieherin verwirrende Fragen stellte.

Judith sagte: Wir sind nicht schnell genug gewesen, weil ich gestürzt bin.

Siehst du, rief die Erzieherin, das habe ich mir doch gedacht. Du kannst von Glück reden, wenn Juliette davonkommt.

Judith senkte den Kopf, um die hervorschießenden Tränen zu verbergen. Zwischen ihren Füßen sah sie im

Holzboden eine Maserung, die das Bild von Brustrippen ergab.

Sie hatte Glück, Juliette genas. Aber ins Kinderheim kehrte sie nicht mehr zurück. Judith durfte sie nicht besuchen. Als Ersatz wartete sie jeden Sonntag auf Juliettes Mutter. Bis zum Verstummen der Kirchenglocken. Denn bis zum letzten Ton war da eine Hoffnung. Danach blieb ihr das Geräusch der an- und abfahrenden Autos in den Ohren stecken. Sie lief ins Haus hinein, durch die düsteren Korridore, die Schlafräume, raste treppauf und treppab durchs ganze Gebäude, als könnte sie nie mehr stehenbleiben. Dennoch stand sie am folgenden Sonntag erneut auf dem Kiesplatz, abermals am nächsten und übernächsten.

Juliettes Bett neben ihr wurde nicht mehr besetzt, so dass ihre Abwesenheit auch am Abend und in der Nacht schmerzte. Judith fror und schwitzte in einem. Sie fühlte sich weit weg von der Hand mit dem Schnitt am Finger, weit weg von jeder Hand.

In den Schulferien gingen die meisten Kinder zu einem Vater, einer Mutter, zu Verwandten oder Bekannten, irgendwohin. Wie Judith blieb auch Juliette meistens im Heim, da ihre Mutter während der Schulferien arbeitete. Sie kam unter der Woche auch mal gegen Abend und brachte ihnen Spiele mit. Karten und Puzzles. Sie mochten die Zusammensetzspiele. Die Häuser, in denen sich die Menschen und die Geschichten fügten, von Stockwerk zu Stockwerk, die Treppen hinauf und hinab. Sie fieberten, bis sie die Räume, das Mobiliar und die Personen in den verschiedenen Etagen an den Ort brachten, wo sie hingehörten und sich vielleicht wohl fühlten.

Ebenso gefiel ihnen das Yatzee-Würfelspiel mit fünf Würfeln, Block und Stift. Die Zweier-, Dreier- und Vierer-Kombination, das Full House, die kleine und die große Straße, die Chance und der Yatzee mit fünf gleichen Werten. Wer nach der Summe vorher abgemachter Runden die höchste Punktzahl erreichte, hatte gewonnen. Natürlich wollten sie das beide.

Juliettes Mutter sagte, man soll auch verlieren können.

In den Schulferien war Judith mit Juliette am liebsten draußen im Garten, in Jätstellung über den Pflanzenbeeten, auf den Knien, die Hände in der Erde. Sie schieden Kraut von Unkraut, die Steine vom Boden, das Grünzeug vom Pfad. Wenn es nicht genug Unkraut gab, lockerten sie mit der Gabelhacke die Scholle auf und taten so, als zupften sie an den Stängeln und Wurzeln. In Wirklichkeit wühlten sie mit den Fingern im Erdboden, rochen die scharfe Ausdünstung der Wurzeln und spürten etwas Heilsames. Sie gaben den Blumen andere Namen. Die Rosen hießen Muttermund, die Wicken Heimkletterer, die Narzissen Riechkissen, das Stiefmütterchen Löwenschnauze, die Hortensien Eckbälle und der Rittersporn Kindertrost.

Für sich allein vermochte Judith der Arbeit im Garten nichts mehr abzugewinnen. Sie konnte sich nicht mehr hinknien. Die Erde schien ihre Hände zurückzuweisen und der Wind die echten Namen der Blumen zu verteidigen, indem er sich um die Flora schlang, sich an ihr hochrankte und den wahren Namen der Blumen in die Luft schrieb.

Judith versuchte in der Küche mitzuhelfen. Doch der alles überwältigende Geruch der Suppen widerstrebte ihr. Die Suppen beherrschten das Küchenfeld. Die Hauptspeise geriet in den Hintergrund, bis sie kaum mehr zu riechen war. Man schickte Judith in die Wäscherei. Sie sortierte Bett-, Bade- und Küchentücher aus, die Hosen, Leibchen und Unterwäsche der Heimkinder, füllte die Maschinen und die Trommeltrockner, faltete zusammen, was nicht gebügelt werden musste. Sie reinigte die Filter der Maschinen, warf die Fusseln, Fäden und Fasern in den Müll. Die Beschäftigung mit der Wäsche war weder schlecht noch gut. Wenn es gut roch, war es wegen der Waschmittel, wenn es schlecht roch, war es wegen der schmutzigen Wäsche.

Seitdem sie das Warten auf Juliettes Mutter aufgegeben hatte, wurden ihr die Sonntagsglocken unerträglich. Kaum hörte sie die ersten Klänge, war ihr übel. Sie rissen ihr den sicheren Stand aus den Beinen und alle guten Gründe aus dem Kopf. Sie griff zum Taschenspiegel, aber kein Möndchen war zu sehen. Abends im Bett sah sie Juliette vor sich. Sie schaute sie lange an, bis sie sich bewegte, so wie etwas Starres sich regt, wenn man es lange betrachtet.

Wegen der Religion hätten sie die Kirchenglocken nicht geschmerzt, das schien sie früh zu wissen, obschon ihr der Gott der Gläubigen wenig vertraut war. Im Heim gab es eine Hauskapelle, in der von Zeit zu Zeit ein Gottesdienst stattfand. Wenn auf den Fluren ein Chor erschallte, ging sie hin, um dem Gesang zuzuhören. Der lateinische Wechselgesang zwischen dem Priester und dem Chor gefiel ihr besonders. Weil sie den Wortlaut nicht verstand, kamen ihr Vögel in den Sinn, die einander schmetternd antworteten. Doch nach der Andacht war eine rätselhafte Leere in ihr.

Gerne hätte sie Juliette gefragt, ob die Religion den Eltern und Erziehern Schutz biete gegen die Kinder, gegen die Unordnung und die Einsamkeit. Ob ihnen die Religion Deckung leiste gegen das Leiden ihrer Kinder und die Angst vor ihren Kindern. Vielleicht hätte Juliette gesagt, dass die Religion die Erlösung der unglücklichen Gläubigen sei.

In den Kinderheimen gibt es Kinder mit blonden, schwarzen und braunen, glatten und gelockten Haaren. Sie heißen Anna und Franz, Rachel, Noah, Hassan, Maissa und Geraldine, Mitglieder einer gemischten und doch einzigen Gemeinschaft. Kinder, die vielleicht wenig begabt sind, selbständige Menschen zu werden.

Die letzten Jahre im Kinderheim schürten Judiths Furcht vor der Welt der Menschen und vor der Nacht, als wäre Schwarz das Konservierungsmittel der Angst. Obschon die Dunkelheit keinen Klang hatte, musste sie ihr zuhören. Sie besetzte ihren Kopf und Körper. Die Zeit drohte, still zu stehen. Und Judith mit ihr. Einzig in den Schulstunden fühlte sie sich in den Rhythmus eines Lebenslaufs eingegliedert. Aber die Mädchen und die Jungen gingen ihr aus dem Weg. Das Heimweh nach Juliette und ihrer Mutter konnte sie mit niemandem teilen.

Vor den Abschlussprüfungen saß sie einem Mitglied der Vormundschaftsbehörde gegenüber.

Du bist still und klug, arbeitest gut in der Schule, sagte der Mann, kurz, du verursachst keine Probleme. Wir haben mit der Erziehungsdirektion und deiner Adoptivmutter beschlossen, dich auf das Internat Ecole d'Humanité zu schicken. Dort kannst du eine Fachmittelschule absolvieren oder die Maturitätsprüfung machen.

Beim Wort Adoptivmutter schrak Judith auf. Ich habe meine Adoptivmutter nie mehr gesehen, sagte sie fast unhörbar.

Zusammen mit dem Sozialamt kommt sie für dich auf, gab er zurück.

Ihr wurde schwindlig. Sie kommt für mich auf. Alle diese Jahre im Kinderheim ist sie, statt zu mir zu kommen, für mich aufgekommen. Alle diese Jahre musste sie für mich bezahlen, alle diese Jahre musste sie an mich denken, immer wieder an mich denken.

Der Mann redete weiter, doch war Judith so verwirrt, dass ihr von diesem Gespräch, außer einem vagen Hinweis auf Schule und Freizeit, soziale Integration der Knaben und Mädchen, wenig in Erinnerung blieb. Und Letzteres nur, weil sie nicht verstand, was er damit meinte.

Sie wollte ihrer Adoptivmutter sofort einen Brief schreiben. Wie sollte sie diese anreden? Liebe Adoptivmutter, liebe Mutter, liebe Berta? Sie entschied sich für liebe Adoptivmutter, ich habe gehört, dass du teilweise für meine Erziehung aufkommst, und ich möchte dich fragen, warum du mich nie mehr sehen wolltest. Weil ich damals am Boden scharrte wie ein Huhn, oder kam dir dabei ein anderes Tier in den Sinn? Trotzdem danke ich dir für die Unterstützung. Du hast es mir ermöglicht, vom neunten bis zum fünfzehnten Lebensjahr Schritt für Schritt das Dasein eines Heimkindes zu führen. Wie vorgesehen, gehe ich nun ins Internat, vielleicht besuchst du mich dort einmal.

Ich bitte dich, die Adresse von Juliette Perrier ausfindig zu machen und sie an mich oder an die Direktion weiterzuleiten. Juliette war bis zur siebten Klasse meine

Freundin im Heim. Leider wurde sie versetzt. Ich wün-
sche mir im Moment nichts anderes, als mit ihr Kontakt
zu haben.

Am Anfang eines Briefes fragt man meistens den
Adressaten oder die Adressatin: Wie geht es dir? Damit
schließe ich.

Grüße von Judith

TEIL ZWEI

Die Kälte setzte Judith allmählich zu. Sie fror noch stär-
ker, als ihr bewusst wurde, weshalb sie in diese Stadt ge-
kommen war. Sie hatte einen Brief in der Handtasche. Sie
ging ins nächste Kaffeehaus, bestellte Tee und rieb sich
die Hände.

Sie sind sicher fremd hier, fragte der Kellner.

Ja, sagte sie.

Dazu trägt auch der Schnee das seine bei, meinte er.

Nein, nein, das Leise und Weiße des Schnees ist mir
vertraut.

Merkwürdig, murmelte er; als wäre sie eine Erschei-
nung aus einer andern Winterwelt.

Sie schwieg, zog sich in sich selbst zurück. Wie in den
ersten Tagen im Internat, dachte sie. Sie hatte es als Leis-
tung betrachtet, wenn es ihr gelang, wenig Raum einzu-
nehmen, in den Hintergrund zu treten, wo immer es war,
in der Schulbank, am Tisch, im Haus. Man versuchte sie
wahrzunehmen, sie war ihresgleichen, aber sie hatte nichts
zu sagen, nichts zu zeigen, nichts zu beanstanden, nichts
zu verlangen. Ihr Verhältnis zur Welt kannte keine Spra-
che und keine Entwicklung. Nichts schien der Vollkom-
menheit ihrer äußeren Haltung etwas anzuhaben. In der
Nacht aber wurden die Dinge schwer. Sie stifteten Un-
ordnung und Verwirrung, sie verschlangen die Schwärze,
die Schwärze verschlang die Angst, die Angst verschlang
sie. Sie hatte ihr Lied verloren, auch in den Träumen. Der
sprachlose Tag verschwor sich mit der Nacht.

Die drei Mädchen, mit denen sie ein Zimmer teilte,
waren einige Tage früher als sie angekommen und hat-
ten sich schon angefreundet. Sie flüsterten untereinander,
während Judith über den Zufall ihres eigenen Namens
nachdachte. Hieß sie nicht Jude Ital, bevor sie Judith Roos

wurde? Die Tatsache, dass ihre Adoptiveltern auf diesem Namen beharrten und ihre erste Identität auslöschten, lag weit zurück. Vielleicht war der Name gar nicht so wichtig. Hätte er ihr ein anderes Gefühl für sie selbst gegeben? Hätte er die frühe Kindheit in andere, vielleicht sichere Bahnen gelenkt?

Well, Judith, sagte Susan, wenn dir etwas in unserem gemeinsamen Zimmer nicht passt, können wir umstellen, die Betten an die Seitenwände, daneben die Nachttischchen, den großen Tisch unter das Fenster, so haben wir in der Mitte ein freies Feld, das den Blick in die Tiefe des Tals und die gewaltigen Berge darüber mildert.

Nein, nein sagte Judith, das ist es nicht.

Was ist es denn?

Ich weiß nicht…

Was weißt du nicht?

Eigentlich kann ich gar nicht wissen, was ich nicht weiß. Ich glaube, mir steckt noch immer das Kinderheim im Blut.

Die Mädchen schwiegen. Im Zimmer war Stille. Doch Susan gab nicht nach.

Waren es die vielen Vorschriften und Anweisungen, die Ermahnungen, aus dem einen oder andern Grund müsst ihr, dürft ihr nicht, sollt ihr, könnt ihr nicht, sollt ihr auf gar keinen Fall, bis dir der Kopf brummte?

Ich denke nicht, dass es das war, sagte Judith.

Falls es das gewesen wäre, wandte Susan ein, verlangt uns auch hier die Hausordnung dieses und jenes ab: Die Nachtruhe soll eingehalten werden; man darf nicht laut sprechen; die Türen sind geräuschlos zu schließen; die Zimmer müssen aufgeräumt, die Fußböden jede Woche gekehrt und mit einem nassen Lappen aufgenommen werden; alle drei Wochen soll man die Überzüge abziehen und die Laken offen auf dem Bett liegen lassen, auch wenn sie befleckt sind; die Dusche in den Baderäumen darf nicht zu lange aufgedreht sein; in den Toiletten …

Hör auf, sagten die Mädchen.

Aber ich habe ja noch gar nichts über die Schul-, Lese-, Freizeit-, Sport-, das heißt über alle Gemeinschaftsräume gesagt, in denen wir zusammen mit den Jungen sind, verteidigte sich Susan. Living with mixed groupes, including both sexes and various cultures.

Sie zwinkerte Judith zu. Susan kam aus England. Die beiden andern Bettnachbarinnen hießen Agnes und Zoe.

Da ist noch die Sache mit meinem Namen, bemühte sich Judith zu erklären. Am Anfang hieß ich Jude Ital. In der Krippe nannten sie mich Judith; meine Adoptivmutter heißt Roos. An meine Eltern erinnere ich mich kaum.

In meinem Land, sagte Susan, ist der Mädchenname Jude verbreitet, ohne dass er eine Bedeutung hat.

Meiner hat eine, lachte Agnes, das Lämmchen.

Susan kicherte: Soll ich gleich sausen und den Wind nachahmen?

Warum nicht, wandte Zoe ein, mein Name heißt Leben, und wisst ihr, wie oft ich mich damit nicht zurecht finde?

Judith sagte: Mein Name kam einfach so daher in der Kinderkrippe. Ich erinnere mich allerdings nicht an das Ereignis, als mich meine Eltern der »Städtischen Kinderkrippe Seemöwe« für einen Tag anvertrauten, mit dem Auto tödlich verunfallten und die Suche nach Angehörigen erfolglos blieb.

Dass Judith, abgesehen von ihrer Adoptivmutter, keine Eltern und auch keine Verwandten hatte, bekümmerte die Mädchen ernsthaft. So gut sie es vermochten, halfen sie Judith über die schwarzen Nächte hinweg. Sie waren zur Stelle, auch wenn sie schliefen oder im Schlaf redeten, lachten und stöhnten, sich Lösungen oder Notlügen für ihre Wünsche erträumten, sie waren in der Nähe und vertrieben ihre Angst. Am Morgen räkelten sie sich in den Betten, seufzten vor Müdigkeit, vor Lust.

Lasst uns die Grenzen überschreiten, sagte Susan, das ist das Gebot der Fantasie.

Ja, wir könnten liegenbleiben, sagte Zoe, das würde mir passen.

Agnes stand auf. Vom Pferch in den Pferch. Und du, Judith?

Die Zeit läuft weiter, sagte Judith.

Dass sie ihr ein Maß abforderte, nämlich eine Dosis Kraft und eine Dosis Hunger, verschwieg sie. Nur ganz langsam verging die Zeit, wenn sie an Juliette und ihre Mutter dachte. Sie hatte die Empfindung, dass sie sogar steckenblieb, die Zeit, wie nach dem Unfall. Dass sie wieder einen Punkt setzte, aber dieses Mal wollte Judith nicht blindlings auf ein Wunder hoffen. Es drängte sie, den Mädchen das Erlebnis jenes verhängnisvollen Tages auf dem Schulweg und der fürchterlichen Episode im Wald zu erzählen.

Versteinertes Schweigen im Zimmer.

Schließlich sagte Susan, was für eine himmeltraurige Geschichte! Ich habe nur einen Trost, nämlich denjenigen, dass wir füreinander da sind und wir hier alle ohne Eltern auskommen müssen.

Wie Agnes hatte sich Judith in die drittletzte Maturitätsklasse eingeschrieben, Schwerpunkt Sprachen. Zoe war bereits im zweitletzten Jahr, ebenfalls Schwerpunkt

Sprachen, und Susan im letzten Jahr, mit Schwerpunkt mathematisch-naturwissenschaftliche Fächer.

Judith widmete sich dem Unterrichtsstoff. Sie zog sich in einen Leseraum zurück. Sie las, studierte und notierte, was in den Büchern stand. Für die in ihrem Leben rotierenden Gedanken fand sie Zuflucht bei einer der Schreibmaschinen, die Radauschlägerinnen hießen. In der Sprache kann man sich fragen, woher die Dinge kommen und wohin sie verschwinden, hatte sie einmal gelesen. Sie fand einen Rhythmus in den Sätzen. Wenn sich der Inhalt ihres Textes von der Wirklichkeit entfernte, war sie nicht unglücklich. Sie konnte besser damit leben.

Damals, in den siebziger Jahren, gab es in den Internaten noch Tonbandgeräte. Die Schülerinnen hielten das Mikrophon in der Hand und nahmen gegenseitig die Stimmen auf. Sie fassten eine Unmenge von Äußerungen, Widersprüchen, Urteilen, An- und Einsichten in eine Befindlichkeit zusammen, die von einem Tag zum andern ändern konnte. Sie sangen die brandheißen Lieder und Hits: »Je t'aime … moi non plus« von Jane Birkin und Serge Gainsbourg. Agnes hatte eine hohe helle Stimme, Susan ergänzte abgrundtief. Sie vermochte den dunklen Tonfall von Leonhard Cohen nachzuahmen, in »Bird on the wire« und natürlich »Suzanne«, um dann ohne Übergang ins Mikrophon zu sagen: »Pussy cat pussy cat, where have you been? I've been to London to visit the queen. Pussy cat pussy cat, what did you there? I frightened a little mouse under the chair.« Zoe sang Françoise Hardy: »Tu pourras repartir au fin fond des nuages et de nouveau sourire à bien d'autres visages.« Was ihr Aussehen betraf, hätte sie eine Schwester des Stars sein können. Die Mädchen liebten ebenso die Rolling Stones und die Beatles. Judith kannte sich nicht aus. Teils verlegen, teils bewundernd hörte sie den Freundinnen zu. Sie war sich bewusst, dass sie keine Idole hatte. Sie konnte nicht ihre Normen und Werte teilen. Sie kannte keine anderen Leitgestalten als Juliette und ihre Mutter.

In der ersten Zeit machten sie das »Schreib einen Satz-Spiel«. Auf WC-Rollen. Eine schreibt einen Satz, faltet das Papier so, dass man das Geschriebene nicht sieht, die nächste setzt ebenfalls einen Satz hin, verdeckt ihn durch einen Falz und so fort. Die anschließende Lektüre ihrer Einfälle amüsierte sie: Der Mond hat zwei Gesichter, aber man sieht immer nur eines. – Ich stehe am Rand der Wolke. – Der Fleck an der Wand war gestern eine Fliege. – Wer sich im Kreis an der Hand hält, kann kein Gesicht streicheln. – Mir kommt nichts in den Sinn, weil mich der Tisch nicht mehr erträgt. – Morgenstund schmeckt die Zunge im Mund. – Welche Seite gilt, wenn sie auf beiden Seiten stolpert? – Die Lehrer sagen, da steht es schwarz auf weiß, aber wir sehen nur weiß.

Soll ich das Gedicht rezitieren, das wir heute in der Klasse gelesen haben? fragte Judith.

Ja, klar, wir nehmen dich auf. Sie gaben ihr das Mikrophon.

Von Tomas Tranströmer, »Aus einem afrikanischen Tagebuch« (1963):

… Die Europäer halten sich sonst an das Auto, als wär's die Mama. / Die Zikaden sind stark wie Rasierapparate. Das Auto fährt nach Hause. / Bald kommt das schöne Dunkel, das sich der schmutzigen Kleider annimmt. Schlaf. / Wer angekommen ist, hat weit zu gehen. Vielleicht hilft ein

Zugvogelstrich aus Händeschütteln. / Vielleicht hilft es, aus den Büchern die Wahrheit hinauszulassen. / Es ist nötig, weiterzugehen. / Der Student lernt nachts, lernt und lernt, um frei zu werden und sich nach der Prüfung zu einer Stufe für den Nächsten zu verwandeln.
Ein schwerer Übergang. / Wer angekommen ist, hat weit zu gehen.

Zoe sagte, das Gedicht gefällt mir, ich höre es zum ersten Mal. Von Tranströmer haben wir nicht gesprochen. Noch sind wir also nicht angekommen.

Ich mag zeitgenössische Texte, sagte Judith, vor allem, wenn sich unser Lehrer Franz Kindler damit auseinandersetzt. Er macht uns mit Autorinnen und Autoren vertraut, die noch nicht allgemein bekannt sind. Einmal murmelte er, als wir über die Lyrik von Erich Fried sprachen: Natürlich kann man sich überlegen, was wohl folgt, wenn ihm die Liebe und der Zorn ausgehen. Wir haben Franz Kindler gern. Ab und zu spricht er uns mit »meine lieben Mitleser und Mitdenkerinnen« an.

Sie schaute in die Gesichter ihrer Zimmerfreundinnen, die wussten, wie ihre Existenz zu führen war. Sie wollte dazugehören. Sie spürte den Wunsch, zu sich selbst zu kommen.

Im Verlauf der Wochen hielten sich die Mädchen seltener in ihrem Zimmer auf. Während der Freizeit hatten sie in den Schul- und Gemeinschaftsräumen ihre Vorlieben für diesen oder jenen Jungen, für die eine oder andere Mitschülerin entdeckt. Agnes kam mit Pferdeliebhabern und -liebhaberinnen zusammen. Einmal in der Woche fuhren sie mit den Rädern in ein Reitzentrum, das abseits des Internats lag. Die Direktion erlaubte vier Stunden Aufenthalt insgesamt. Nachdem sie Boxen geputzt, Tiere gestriegelt, Raufutter verabreicht, Halfter und Sattel angelegt hatten, durften sie reiten.

Vom Pferch in den Pferch, sagten die Freundinnen, wenn Agnes jeweils den Pferdegeruch ins Zimmer zurückbrachte.

Agnes sagte: Ich legte meine Hände an den Hals des großen Tiers und spürte seine Wärme. Ich presste meine Beine an seine Flanken und fühlte, wie sich die Muskeln des Körpers bewegten. Ich flüsterte, Pegasus, ich bin beflügelt.

Judith bewunderte Susan, die fast jeden Tag in einem der Lesesäle mit Sinclair, einem Jungen aus ihrer Klasse, eine Partie Schach spielte. Nicht nur die gemeinsame Muttersprache verband sie, sondern auch die Anziehungskraft dieses Spiels, das sich dem Zufall entzieht, das Sieg und Verlust einzig geistigen Fähigkeiten verdankt.

Es ist das Gleichgewicht zwischen Fantasie, Ausdauer und Technik, wie in der Mathematik, sagte Sinclair.

Und in der Dichtung und Musik, ergänzte Susan.

Er schaute sie an, bevor er einen Bauern vorrückte. Sie liebte die Art, wie er seine hellen Augen auf sie richtete, sobald sie ihn anredete. Als führte er sie in einen Lichtstrahl. Sie fand ihn originell, er trug immer ein Buch bei sich, in dem er las, wenn ihn der Unterricht langweilte. Seine unerwarteten Abschweifungen im Gespräch gefielen ihr, weil er sich neugierig und freundschaftlich verhielt.

Du bist nicht nur schön, sagte er, aber auch das.

Er setzte die Figur und betrachtete ihre zarten Hände. I wish I would be a chess-man on the board, dachte er. A simple pawn.

Nach einer Stunde mussten sie wegen des Abendessens das Spiel abbrechen. Die Partie war unentschieden. Sie standen auf, schauten sich in die Augen. Sinclairs Pupillen waren geweitet, sein Mund halb offen, der Atem unregelmäßig. Susan stand vor ihm, so lebendig, so heiter und unbeschwert, dass er sich wie von einem Luftwirbel zu ihr hingerissen fühlte. Sie schlang die Arme um seine Schultern. Er umfasste ihre Taille und zog sie an sich. Mit der Zunge schrieben sie die gleichen Worte, Silbe um Silbe, einander in den Mund hinein.

Du bist meine erste große Liebe, sage Sinclair, doch der Geschmack auf deinen Lippen ist mir vertraut, Himbeeren und Süßholz.

So wie ich dir, so du mir, flüsterte ihm Susan ins Ohr, doch fühle ich mich in Sicherheit.

Sie lösten sich erst voneinander, als jemand durch das Fenster des Lesezimmers ein Zeichen gab, während der Wind Schneeflocken in die Bäume am Internatsplatz trieb.

An diesem Tag vor den Weihnachtsferien fragten die Freundinnen: Wie stehen die Sterne?

Patt, sagte Susan. Aber wie für die Liebe ist auch für das Schachspiel ein Partner unentbehrlich. Und das Brett, die Felder und die Steine für die Hierarchie zwischen dem Bauern und dem König.

Schach dem König!, sagten die Freundinnen.

Judith horchte auf. Die Schachkönigin, ihre bildliche Mama, war aus ihrer Erinnerung weggerückt. Nun erschien sie wieder, zusammen mit dem Lied. Wie ging es bloß? *Ju ma le um saa, da um se ju maa*, summte sie leise. Die Mädchen schauten sie fragend an.

Es ist die Singstimme meiner Fantasie-Mama, sagte Judith, sie war eine Schachfigur, die Königin.

Susan strich ihr über die Haare. Und was warst du? Ein Bauer?

Nein, eine kleine mit Sägemehl gefüllte Stoffpuppe, die meine Adoptivmutter in den Müll warf, weil sie so verschlissen aussah, sagte sie lachend. Und jetzt helfe ich euch packen. Das ist fast wie selbst in die Ferien fahren.

Vielleicht bringen mich meine Eltern mal zu den Pferden, sagte Agnes, dann besuche ich dich.

Vielleicht kann ich dich ein anderes Mal mitnehmen, schlug Zoe vor.

Das hatte ich eigentlich auch vor, sagte Susan, aber die Umstände haben sich verändert. Sinclair und ich haben beschlossen, die Ferien zusammen bei ihm oder bei mir zu Hause zu verbringen. Wir können uns nicht so lange trennen. Wir werden es bei den Eltern durchsetzen. Sonst bleiben wir lieber hier im Internat. Merry Christmas. Nebenbei gesagt, fuhr sie fort, wir schauen uns jedesmal lange an, wenn in der Klasse die Rede von Sexualität ist.

Die Eltern waren einverstanden, was bei der gerade entbrannten sexuellen Revolution nicht ungewöhnlich war.

Außer Judith blieben in diesen Ferien noch andere Mädchen und Jungen im Internat. Sie waren älter als sie und hatten verschiedene Nationalitäten. Am Weihnachtstag sammelten sie in den nahen Wäldern Holz und zündeten auf dem vom Schnee geräumten Internatsplatz ein großes Feuer an. Sie bewunderten John Lennon und Elvis Presley, einige spielten Gitarre und Schlagzeug, sangen »Angie« und »Satisfaction«. Sie trauerten um Jim Morrison, den Sänger und Poeten der »Doors«, der vor einem Jahr auf rätselhafte Weise gestorben war. Ein Mädchen zitierte eines seiner Gedichte: *Mondscheinnacht, ein wahnsinniges dorf in mächtigen bergwäldern, unter mond und sternen tanzen sie wie wirbel, das neue volk, zum see geführt von einem königspaar, ja, dort will ich sein, ruhig und schwellend...* In einem der Häuser gab es eine Feier, aber sie blieben lieber draußen in der kristallklaren Nacht, die den Schnee auf den Büschen und Bäumen einfror. Sie rauchten und tanzten, sie wickelten Weihnachten um den Finger herum, bis spät in der Nacht der Internatsleiter Ruhe gebot.

Ganz benommen ging Judith in ihr Zimmer. Die Zeit hatte sie überrascht. Sie gehörte auf einmal zu dieser Jugend. In ihrem Schlaf vermischten sich Bilder des Weihnachtsbaums im Kinderheim mit einem Feuermeer, in dem die stille, heilige Nacht in den Köpfen und Körpern der Mädchen und Jungen rockte, die Rhythmen in die Schneedecke auf den Hausdächern schlug, den Stimmen Erregung und Sehnsucht bescherte, worauf sich gleich die Badekugeln, die sie jeweils als Geschenk im Heim bekamen, in Mond und Sterne auflösten.

Seit langem erwachte sie allein im Zimmer, ohne Angst. Das ist mein Weihnachtsgeschenk, dachte sie. Als man an ihre Zimmertür klopfte, war sie zu schüchtern, um sich zu den Feiernden der letzten Nacht zu begeben. Stattdessen fasste sie den Blick aus ihrem Zimmerfenster in Worte und tippte sie in die Radauschlägerin: *In Trance steige ich*

hinab ins tiefe Tal/ der ewige Posaunenstoß durch die Berg-
wälder/ ist der Schall der Engelhörner/ die auf ihren Zacken
den Himmel tragen/ und die Stimme meiner Freundin/ dort
festgeschrieben dort darf man trauern/ das Vogelpaar ver-
quickt im Flug/ weiß wie es weitergeht/ wenn der Fluss zwi-
schen die Bäume rinnt/ und die Schneeflocken ausschlagen/ im
fremden Boden unter mir.

An einem der nächsten Tage klopfte es kurz an die Zim-
mertür, bevor Zoe eintrat. Da bin ich schon wieder, sagte
sie. Ich habe mich mit meinen Eltern zerstritten, ich konn-
te es nicht mehr aushalten. Sie wollen sich trennen und
beteiligen mich an ihrem Streit. Mein Vater hat eine
Freundin, und meine Mutter leidet darunter. Das Gleiche
wäre, wenn meine Mutter einen Freund hätte, verstehst
du?

Eigentlich nicht, sagte Judith.

Und mein Vater darunter litte. Mit meiner Mutter habe
ich Mitleid, mit meinem Vater nicht, verstehst du?

Ja, natürlich, weil deine Mutter keinen Freund hat.

Denkst du? Und doch konnte ich nicht länger bei ihr
bleiben. Das Mitleid mit meiner Mutter hätte den Vater
entlastet und dadurch gestärkt. Das gönne ich ihm nicht.

Vielleicht schreibst du deiner Mutter einen Brief, schlug
Judith vor.

Das werde ich tun. Aber lass uns erst nach draußen
gehen, uns ein bisschen umsehen. Und Weihnachten?
Warst du traurig?

Kein bisschen, eher verzaubert. Die Fortgeschrittenen,
weißt du, sie sind beinahe angekommen. Du erinnerst dich
doch an das Gedicht von Tranströmer?

Ja, sagte Zoe, wer angekommen ist, hat weit zu gehen.

Auf dem Internatsplatz kam einer der großen Jungen auf sie zu. Was für ein erfreuliches Treffen, sagte er. Ich bin auf dem Weg zum Keller. Dort gibt es Instrumente, Verstärker und ein Aufnahmegerät. Lasst uns zusammen Musik machen!

David spielt Gitarre, sagte Judith, Elektrogitarre.

Ich weiß, ich singe in der Band.

Françoise Hardy?

Nein, Rock und Blues.

Zoe hatte eine Musikplatte von Janis Joplin geschenkt bekommen. Die leidenschaftliche Hingabe der Sängerin an die Musik fesselte sie. Die wilde Wucht und Kraft ihrer Stimme, die kratzte und streichelte, die vibrierte, elektrisierte, die triumphierend jeden Nerv erreichte. Sie sang nicht einfach ein Lied, sie riss an ihm, erstürmte es. Die Texte erregten Zoe. Aber sie verstand nicht alles.

Im Keller redeten sie darüber. Leider ist auch sie vor zwei Jahren gestorben, sagte David. Zu viel Alkohol, zu viel Heroin. Vielleicht hätte sie in einer sanfteren Zeit länger gelebt. Sie ist und bleibt die Rock- und Blueskönigin.

Ein Aufsichtslehrer trat in den Keller und unterbrach ihr Gespräch. Hört, sagte er, ich habe am Weihnachtsfest Haschisch gerochen. Ihr wisst, dass das Internat eine restriktive Haltung gegenüber illegalen Drogen einnimmt. Also nehmt euch zusammen. Ihr könnt in den Ferien etwas Bier trinken und Zigaretten rauchen. Wenn das nicht genügt, fliegt ihr raus; auch ein paar Monate vor der Matur, was David, Arthur, Amy und Kamal betrifft.

Wo nehmen wir denn das Bier her?

Ich stelle euch ein paar Dosen in den Kühlschrank nebenan. Passt auf! Und du, Judith, du bist nicht mal sechzehn. Eigentlich gehörst du nicht hierher.

Sie ist meine Zimmernachbarin, sagte Zoe, sie hat mich begleitet. Ich gebe acht auf sie.

Er nickte zustimmend, dann verschwand er.

Sie gingen an die Instrumente. Judith erkannte die Leute vom Weihnachtsfest wieder. Kamal an der Djembe war Tunesier. Amy, die Perkussionistin, kam aus England. Arthur am Schlagzeug aus Deutschland. Marc, der Kontrabassist, aus Frankreich. David war Amerikaner.

Zoe drückte Judith einen Schellenring in die Hand, einfach mal probieren, sagte sie, während sie das Mikrophon nahm.

David sagte: Heute improvisieren wir. Er strich ein paar Akkorde. Arthur fiel mit einem harten Rhythmus ein, Marc zupfte beherzt an den Saiten des Kontrabasses, Kamal trommelte auf seiner Djembe, Amy auf einem Tamburin, Judith schüttelte zögernd den Schellenring.

Zoe war erst verunsichert, dann begann sie zu singen und zu sprechen: *Ein flockiger Tag/ auf seine Art/ fällt der Schnee/ fällt und fällt/ lass dich nicht aufhalten/ stell' dich ins Fahrwasser/ spül' weg/ was dich hindert/ zwischen den Geschlechtern/ zwischen dem Lachen/ aus Kristall/ und der Zartheit/ der Eisblumen/ stell' dich ins Fahrwasser/ denn auf seine Art/ fällt der Schnee/ fällt und fällt/ an diesem flockigen Tag.* Sie tanzte und sang: *fällt und fällt/ zwischen dem Lachen/ aus Kristall/ und der Zartheit/ der Eisblumen.* David, Kamal und Amy fielen ein: *fällt und fällt/ zwischen dem Lachen/ aus Kristall/ und der Zartheit/ der Eisblumen/ dass dich nichts hindert/ zwischen den Geschlechtern.* Der Refrain wurde immer leichter, die Musik bis zum Ausklang immer leiser.

Zoe vergaß den Streit mit den Eltern, sie fühlte sich glücklich.

Später verteilten sie das Bier, während sie die Tonbandaufnahme hörten. Sie schauten einander an und lachten. Einer Kritik enthielten sie sich. Sie rauchten und tranken. David erklärte, dass Jimmy Hendrix neunzehnhundertsiebzig im gleichen Jahr wie Janis Joplin gestorben war, beide noch nicht dreißig Jahre alt, dass Hendrix die Rockmusik revolutioniert habe, indem er die wesentlichen Ideen der elektronischen Musik entwickelte: die Aufnahme mehrerer Tonquellen. Er wollte gerade »Electric Ladyland« auflegen, als der Aufsichtslehrer erschien.

Das nächste Mal, sagte er. Und wie es qualmt! Genug für heute. Sonst gibt es kein Essen mehr.

Das wäre uns eigentlich egal, wenn wir mehr Bier hätten, sagte Arthur.

Habt ihr nicht. Seid zufrieden, wenn ihr während der Ferien ein paar Dosen im Kühlschrank findet.

Sie waren nicht zufrieden. Sie versuchten, im Dorfladen ein paar Flaschen aufzutreiben. Doch der hatte bereits geschlossen. Sie fragten einander, in welchem Haus und in welchem Zimmer treffen wir uns? Doch waren sie unschlüssig. So gingen sie auseinander, um anderntags erneut zusammenzukommen.

Als Judith und Zoe wieder in ihrem Zimmer waren, sagte Judith: Ich glaube, diese Musik hat sich mir einverleibt. Obschon für mich neu, ist sie mir auf irgendeine Weise vertraut. Man sucht und verliert sich, findet sich vielleicht wieder, doch man möchte unbedingt weiter forschen. Nach einem Sinn, der sich jedoch verzerrt, weil man ihm nachrennen muss. Was meinen Schellenring betrifft, habe ich mich an Kamal gehalten, der mich mit seinem Rhythmus und noch mehr mit seinem Blick aufmunterte.

Zoe sagte: Sie hätten auch zu uns kommen können.

Und dann?, fragte Judith. Wir haben weder Bier noch Zigaretten, noch bin ich alt genug.

Zoe ging nicht darauf ein. Wir könnten uns immerhin mit diesem mickrigen Kassettenrekorder aufnehmen, wäre das nicht lustig?

Nein, das ist nicht gut genug, sagte Judith, David wäre kaum zufrieden. Doch das weißt du ja selbst. Bist du verliebt in ihn?

Zoe sagte: Ich weiß es nicht. Doch, ich mag ihn. Ich rede gern mit ihm und spüre eine Verbindung, die ich gar nicht genau benennen kann. Jedenfalls höre ich genau hin, was er sagt, und ich hoffe, er tut das Gleiche mir gegenüber.

Bis zum Schulbeginn kam die Band jeden Tag im Keller zusammen. Sie hörten »Electric Ladyland«. Sie glaubten sich auf einem elektrischen Teppich zu befinden, der nur so vibrierte.

Lasst euch nicht entmutigen. Arthur holte Bier aus dem Kühlschrank, worauf sie mit den Dosen anstießen. Kaum hatte David ein paar Saiten gezupft, waren alle schon am Instrument.

Am Anfang konnten sie die Proben einmal in der Woche abhalten. Wegen unterschiedlicher Stundenpläne und der Vorbereitung auf die Matur fand sich die Gruppe seltener gleichzeitig im Keller ein. Auch war seit den Ferien der Kühlschrank leer. Judith ging meistens hin, um sich mit Kamal zu treffen. Wenn sie auf ihren Lebensweg zurückblickte, konnte sie die Summe jahrelangen Liebesentzugs ermessen. Nun bekam sie in diesen letzten Monaten wie nie in ihrem ganzen bisherigen Dasein so viel Zusammenhalt und Zuneigung zu spüren, dass sie sich wie in einem Taumel befand, in einer Art Ekstase, der sie sich auf keinen Fall entziehen wollte, ganz im Einvernehmen mit Kamal.

Du bist ja wie verwandelt, sagte Susan, als sie aus den Weihnachtsferien zurückkam.

Ja, sagte Judith, ich bin in Hochform, und an Ostern werde ich sechzehn sein.

Susan strahlte: Zum Glück haben wir dich nicht eingeladen.

Zoe sagte: Der Zufall war günstig, auch für mich. Falls David in den Osterferien nicht nach Hause fliegt, bleibe ich ebenfalls hier, von Anfang an.

Agnes kicherte: Pegasus, ich bin beflügelt.

Beim Gedanken an ihre Freundschaften im Internat wurde Judith ganz warm ums Herz, obschon die Kaffeehausgäste sie kühl musterten. Vielleicht war ihnen so kalt wie ihr. Sie rieben die Hände, warteten ungeduldig auf die bestellten Getränke, wandten sich zum Fernseher neben der Pendeluhr. Man sprach von der Ölkrise, vom Fahrverbot für Personenwagen am Sonntag. An der Wand hingen Fotografien, die den See, Straßenzeilen und Plätze der Stadt darstellten. Judith schaute aufs Zifferblatt und bestellte nochmals Tee. Sie nahm den weißen Umschlag mit ihrem Namen darauf aus der Tasche und las den Brief zum dritten Mal.

An Judith Roos mit Kopie an die Internatsleitung:

Leider müssen wir Ihnen mitteilen, dass Ihre Adoptivmutter, Frau Berta Roos, am 17. Januar nach kurzer Krankheit gestorben ist. Ich bin als Ihr Vormund eingesetzt und mit der Testamentsvollstreckung beauftragt worden. Die Beerdigung Ihrer Adoptivmutter hat bereits stattgefunden. Das Grab befindet sich auf dem Friedhof St. Peter. Bitte, setzen Sie sich mit mir in Verbindung.

Freundliche Grüße Dr. iur. Walter Welti

Sie hatte sich mit ihrem Vormund um 14.30 Uhr vereinbart. Etwas krampfte sich in ihr zusammen. Sie erinnerte sich an den letzten und einzigen Besuch ihrer Adoptivmutter im Kinderheim. Warum hatte sie damals keine Antwort auf ihren Brief bekommen? Judith zog sich wieder in sich selbst zurück.

Der Kellner fragte sie, ob er ihr behilflich sein könne.

Ja, bitte, sagen Sie mir, wo die Lindenstraße ist.

Zehn Minuten von hier, geradeaus, erste Querstraße links. Sie bedankte sich, bezahlte und ging. Dabei fiel ihr ein, dass dies ihr erster Kaffeehausbesuch war. Sie hatte nicht das Gefühl, bis anhin etwas verpasst zu haben.

Dr. Welti begrüßte sie freundlich und bat sie, Platz zu nehmen. Sie schaute sich im Büro mit den Bücherregalen, Aktenschränken und dem Druck einer südfranzösischen Landschaft um.

Ihre Adoptivmutter hat sich lobend über Sie ausgesprochen, sagte Dr. Welti, was sie Ihnen leider nicht mehr persönlich sagen konnte. Sie war seit letzten Herbst sehr krank, glaubte zwar an eine Besserung, doch ihr Zustand schlug plötzlich ins Gegenteil um. Es tut mir leid. Für Ihren Aufenthalt im Internat ist gesorgt. Darüber hinaus steht Ihnen für Ihre berufliche Laufbahn Geld zur Verfügung. Um beides werde ich mich kümmern. Ihre Adoptivmutter bestand darauf, Ihnen mitzuteilen, dass Juliette Perriers Mutter vor zwei Jahren gestorben und dass Juliette als Tagesschülerin im Lycée Paul Cézanne in Aix-en-Provence eingeschrieben ist. Sie wohnt offenbar bei Verwandten, der sogenannten Gastfamilie, im Hinterland von Aix. Hier ist ihre Adresse.

Danke, sagte Judith überaus erleichtert.

Sie musste sich beherrschen, dass sie nicht gleich einen Luftsprung machte, da doch ihre Adoptivmutter gestorben war.

Ich werde ins Internat zurückkehren, sagte sie, und ein anderes Mal das Grab meiner Adoptivmutter besuchen.

Tun Sie das, sagte er. Auf Wiedersehen.

Sie reichten sich die Hand.

Vor den Zugfenstern tanzten Schneeflocken wild durcheinander. Die Dörfer und Felder, an denen Judith vorbeifuhr, ruhten unter einer Schneedecke, die der Landschaft eine friedliche Stimmung gab. Judith sah Juliettes Mutter vor sich, schön, sanft und blass. Sie sah die hellgrünen Augen und den leicht hinkenden Gang, wenn sie über den Kiesplatz des Kinderheims kam und winkte. Sie erinnerte sich, dass sie am Mittagstisch fast nichts aß, so dass Judith dachte, sie würde gleich vom Stuhl fallen. Sie erinnerte sich an den Wintertag, an dem ihr Juliettes Mutter einen Taschenspiegel geschenkt hatte, damit sie beim Lachen die Mundmöndchen entdecken konnte. Endlich verstand sie, warum sie Sonntag für Sonntag vergeblich auf Juliettes Mutter gewartet hatte. Sie malte sich den Schmerz aus, dem Juliette ausgesetzt war. Sie malte sich den Zustand ihrer Freundin beim Anblick der toten Mutter aus, als Juliette vom eigenen Dasein abließ, um sich mit den traurigsten und trotzigsten Gedanken der Mutter hinzugeben. Damit sie einander festhielten, sich nicht verließen. Ein endgültiges Bild. Judith zog den Taschenspiegel hervor und schaute sich an. Sie lachte nicht, es gab keine Möndchen, obschon sie hoffte, dass Juliette in den beiden vergangenen Jahren über den tiefsten Schmerz hinausgewachsen war.

Die Zeit, sagte sie zu den Freundinnen, als sie von der Stadt zurück ins Zimmer kam, die Zeit ist nicht in den Zahlen stecken geblieben.

Susan schaute sie verwundert an. Meinst du, dass es zwei Arten von Zeit gibt?

Einmal habe ich gelesen, sagte Judith, dass wir die Zeit am Handgelenk tragen, direkt am Puls. Dass diese persönliche Zeit die wahre ist, der eigene Kontakt zur Erinnerung.

Ja, manchmal legt die Zeit den Rückwärtsgang ein.

Judith schrieb gleich an Juliette. Sie fühlte sich glücklich, dass ihre Freundin existierte, und wenn es am Ende der Welt gewesen wäre. Bald würden sie einander sehen. Bis zur französischen Grenze war es ein Katzensprung. Und Ostern in wenigen Monaten. Notfalls ging es auch per Autostop. Sie war von Juliettes Gegenwärtigkeit so begeistert, dass der Tod beider Mütter an Tragweite verlor.

Im Februar trat Samir ins Internat ein. Obschon er in einem andern Gebäude untergebracht und in der letzten Matur-Klasse war, hatte er Judith innerhalb weniger Tage bemerkt. Sie wollte ihm ausweichen und blieb nach dem Unterricht in ihrem Klassenzimmer. Durch ein Fenster schaute sie auf den großen hinteren Hof, der fast zu jeder Tageszeit von Fuß- und Basketballspielern bevölkert war. Zwei Jungen boxten miteinander, ringsum von Zuschauern und Punktemessern angefeuert. Die ersten Stöße parierten sie, wirksamere folgten, Angriffe auf den Brustkorb, in die Magengegend. Einer ging in die Knie, der andere sah sich zu früh als Sieger. Von einem Kopfschlag getroffen, sank er zu Boden. Der eine war noch in Kampfstellung, als die Zuschauer dem Liegenden auf die Beine halfen.

Judith, hörte sie flüstern. Sie zuckte zusammen. Es war ein Fehler von ihr, sich hier zurückzuziehen. Ein leichter Fehler, vielleicht ein schwerer. Bei den Fehlern weiß man das nie im Voraus. Im Kinderheim blühten die Fehler geradezu, der gemeinsame Verstand reichte nicht immer aus, sie zu beheben.

Samir hatte sich geräuschlos neben sie ans Fenster gestellt. Wenn die Stimme verstummt, tränt das Auge, sagte er leise.

Warum lässt du mich nicht in Ruhe, fragte sie, ohne den Blick von den Jungen auf dem Hofplatz abzuwenden.

Weil du weißt, wie Blut riecht, sagte er.

Und wie soll es riechen?

Wie leicht angefaulte Beeren im Wald.

Sie wandte sich von ihm ab. In einer rückwärts laufenden Filmspule sah sie die Vergangenheit verschwinden. Samir war einer der Jungen im Wald gewesen, die Juliette gequält hatten.

Wir wollten sie nur anschauen, sagte er, möglichst entblößt. Zuerst riefen wir die Pisseverse, um sie gefügig zu machen, aber sie hat sich so gewehrt, dass sie beim Kampf auf einen Baumstamm prallte.

Und dann seid ihr weggerannt, sagte Judith, ihr Feiglinge.

Ja, sagte er, wir hatten einen solchen Schrecken, wir glaubten, sie sei tot. Aber ich habe mich nicht schuldig gefühlt, nur elend, so elend, dass ich an gewissen Tagen den Speichel nicht mehr zu schlucken vermochte und mich gezwungen sah, ständig zu spucken. Man hat gesagt, ich speie Gift und Galle, während ich mit meinen Auswürfen beschäftigt war und meine Stimme beim Sprechen versagte. Mit der Zeit hat man mich nicht mehr beachtet. Man hat mich übersehen, wie einen Fehler in einem wiederkehrenden Muster.

Judith wandte sich ihm zu. Warum bist du hier?

Mein Vater wollte mich nicht mehr bei sich haben. Meine Mutter war da, doch mein Vater betrachtet sich als absolutes Oberhaupt. Er hat mich aus dem Haus gejagt. Es war Ramadan. Die ganze Familie, Schwestern, Cousins und Cousinen, Tanten und Onkel saßen um das geschlachtete und gekochte Lamm herum. Alle waren aufgedreht und gereizt, hatten den ganzen Tag nichts geges-

sen und nichts getrunken und teilweise gearbeitet. Auch mein Vater hatte gearbeitet. Er war müde und verdrossen.

Das habt ihr davon, mit eurer Religion, sagte ich, so was Unsinniges, Widernatürliches, und jetzt schlagt ihr euch den Bauch voll, um morgen tagsüber zu verdursten.

Mein Vater wies mit zitterndem Arm auf die Wohnungstür. Hinaus! schrie er, du kommst mir nicht mehr über diese Schwelle, hinaus!

Ich will dich auch gar nicht mehr sehen, schrie ich zurück und ging. Unsere Nachbarn kümmerten sich um mich und suchten zusammen mit meiner Mutter einen Internatsplatz, damit ich die Matur machen kann. Sie haben mich damals ins Kinderheim gebracht, weil ich mich mit meinem Vater immer wieder stritt. Da ich keine Brüder habe, wollte er aus mir sein Ebenbild machen, einen autoritären, rückschrittlichen Menschen. Meine Mutter und die Schwestern taten mir leid, aber ich war wehrlos.

Lieber töte ich dich, sagte mein Vater, als dass du ein Weichling wirst.

Draußen auf dem Hofplatz boxte man weiter. Die Angriffslust schien keinen Zeitmesser zu haben. Weil man eine Fähigkeit in sich trug und ein Recht auf Attacke und Abwehr hat.

Im Kinderheim warst du nicht gerade ein Weichling, sagte Judith, wir hatten Angst vor dir und den andern Jungen.

Er schaute sie an. In seinen schwarzen Augen stand nicht mehr die trotzige Ehre, die er als Knabe verteidigt hatte. Vielmehr blickten sie scheu in ihr Gesicht, als fänden sie dort die Spiegelung eines alten Wunsches.

Ich werde Juliette wiedersehen, sagte Judith, überrascht von ihrer eigenen Offenheit. Ich möchte ihre Hand mit dem Schnitt am Finger in meine Hände nehmen. Ich möchte sie fragen, ob sie Angst und wie viel Angst sie vor euch hatte.

Samir sagte: Sie hatte so viel Angst, dass sie stürzte, und wir hatten soviel Angst, dass sie sterben würde.

Kann man sterben vor Angst? fragte Judith.

Nur beinahe, sagte er. Zum Sterben braucht es mehr.

Wie viel? fragte sie.

Das weiß ich nicht, sagte Samir. Vielleicht braucht es mehr Angst zum Leben.

Kaum war Juliettes Namen gefallen, verlor die tragische Geschichte an Gewicht. Statt Samir, oder ebenso wie Samir, hätte sie gut in diesem Internat sein können. Letztlich war Judith erleichtert, dass er hier war, wenigstens eine Verkettung zu Juliette herstellte, wie fatal sie ihr auch erschien.

Auf ein anderes Mal, sagte Judith.

Er streckte ihr die Hand hin. Sie drückte sie und ging gleich in den Keller. Außer Kamal war niemand da. Dass sie ihm die Begebenheit mit den Jungen im Wald bereits erzählt hatte, erleichterte sie ein wenig. Er saß an der Djembe. Sie setzte sich neben ihn.

Bist du krank? fragte er. Du bist ganz blass.

Nein, nein, ich bin nicht krank, aber etwas Seltsames ist geschehen. Samir, einer der Jungen vom Kinderheim, ist hier im Internat. Sie hatte Tränen in den Augen.

Das ist ein merkwürdiger Zufall, sagte Kamal, doch deswegen brauchst du keine Angst zu haben.

Er legte beschützend seinen Arm um ihre Schultern. Sie fühlte eine Haarsträhne auf ihrem Gesicht, seine Zunge berührte die warme Haut ihrer Lider.

Salz an den Rändern, sagte er leise, und über die Wange ein Bächlein bis hin zum Mund.

Langsam und unbedingt trafen sich ihre Lippen, und so blieben sie und nahmen die ganze Zeit ein, indem sie diese anhielten. Judith sah seine glänzenden Augen, sie drückte sich an ihn, und er drückte sie an sich. Als Arthur hereinkam, standen sie auf und gingen ins Freie.

Schnee fiel, weich und fast warm. Die Flocken flogen auf ihre Gesichter, freizügig auf beide zeitgleich, wo sie auf ihren Lippen schmolzen und sofort weggeküsst wurden, im Moment, in dem sich ihre Augen verdunkelten, sich ihre Blicke kreuzten.

Zoes Lied fällt mir ein, sagte Judith, und unser Refrain. Erinnerst du dich?

Ja, sagte Kamal, *auf seine Art fällt der Schnee, fällt und fällt, stell dich ins Fahrwasser, spül weg, was dich hindert zwischen den Geschlechtern.* Ich kann dich nicht lassen, fuhr er fort, an Ostern entführe ich dich.

Ja, mein großer Freund, sagte Judith in dem Moment, als ihnen Samir über den Weg lief.

Hallo, sagte er.

Judith stellte ihm Kamal vor. Sie schauten sich an, und ohne Voreingenommenheit sahen sie gleich, dass sie aus demselben Kulturkreis kamen. Und dass Judiths Gegenwart nicht die Verbindung zueinander, sondern eher die Abgrenzung voneinander bewirkte.

An diesem Tag kam Judith als Letzte ins Zimmer.

Was ist denn? Ist dir nicht gut? Du zitterst, sind es der Schnee und die Kälte?, fragte Susan.

Nein, sagte Judith, die Zeit hat mich ins Kinderheim zurückgeholt. Samir, einer der Jungen, ist hier.

Samir Bennis, der Neue, der ist in meiner Klasse. Er scheint sich etwas verloren zu fühlen, aber das kann sich ändern.

Das trifft sich gut, bestimmten die Freundinnen lachend. Der Kontrolle halber.

Samir ging ihr nach. Seine dunklen Augen verfolgten sie bald dahin, bald dorthin. Er entwickelte eine Art Strategie Kamal gegenüber. Er ging in den Keller, um ihn zu treffen, seinen Artgenossen, wie er sagte. Doch in Wirklichkeit wollte er Judith sehen. Seine Absichten wurden rasch durchschaut, so dass er oft allein im Kellerraum war, während Judith und Kamal durch den nahen Wald streiften und ihre Pläne für Ostern schmiedeten. Sie würden sich bei der Internatsdirektion getrennt abmelden. Es würde zum ersten Mal, aber nicht ungewöhnlich sein, dass Judith den Wunsch hatte, das Grab ihrer Adoptivmutter aufzusuchen. Kamals Vorwand war ein Cousin in Zürich, bei dem er auch schon die Ferien verbracht hatte. Er brauchte sich nicht zu rechtfertigen. Judith hatte mit Juliette einen Treffpunkt vereinbart. Der Wald schwieg, im Winter war er stets ein stiller einsamer Raum.

Am Ausgang kam ihnen Samir entgegen. Aufgeregt wandte er sich gleich an Judith.

Du kennst Juliettes Adresse. Ich möchte ihr schreiben, ich möchte sie um Verzeihung bitten. Sein Blick war fordernd.

Ja, tu das, sagte Judith, die Adresse kann ich auswendig. Warum hast du mich nicht um Verzeihung gebeten?

Ich weiß nicht, vielleicht weil … weil du nicht verletzt warst.

Judith traute ihren Ohren nicht. Komm, sagte sie zu Kamal, lass uns weitergehen.

Er ist unbeholfen, sagte Kamal, und nicht nur das. Er ist es, der sich verletzt fühlt, vielmehr versetzt, weil ich dein Freund bin.

Er hat kein Anrecht auf mich.

Judith!, rief Samir.

Sie drehte sich um. Du brauchst uns nicht nachzuspionieren. Beschaff dir ein Instrument, wenn du mit uns Musik machen willst.

O. k., rief Samir, morgen im Keller.

Am andern Tag gegen Abend war er da. Wieder traute Judith ihren Ohren nicht, als sie mit David, Zoe und Kamal in den Keller kam. Samir spielte Klarinette. Seine Finger drückten geübt die Klappen, über die Oktaven die Leiter hinauf und hinunter. Improvisierend blies er helle bis weich-dunkle Töne, die einer menschlichen Stimme ähnlich waren. Dann spielte er kurze, abgerissene Rhythmen, um mit einem einprägsamen Vibrato abzuschließen.

Bravo, riefen die drei Zuhörer.

Samir sagte: Ich habe früher die arabische Mizmar gespielt, die der Klarinette gleicht.

Kamal kannte das Instrument. Du kannst die Mizmar in der Gruppe spielen, wenn du willst. Wir proben am nächsten Samstag.

Ich spiele die Klarinette, sagte Samir.

Die Band war begeistert. Zusammen mit Marc am Kontrabass spielte die Rhythmus-Sektion die Riffs zu Davids und Samirs Improvisationen. Zoe summte erst, dann sang sie eine Reihe verschiedener Tonhöhen. Die Stimme, dachte sie, das bin nicht ich, sondern die Klarinette. Ihre Augen wanderten zu David. Er nickte ihr zu, nicht aufgeben, weiter probieren! Sie gab sich Mühe, was nicht der beste Ratgeber für musikalische Einfälle ist. Sie hatte zu viel zu lernen, um so mehr, als sie an Janis Joplin dachte.

Am Schluss sagte sie: Ihr spielt zu laut, und übrigens: Im Sommer nehme ich Gesangsunterricht.

Sie lachten, bis anhin gab es keine Kritik.

Samir beeindruckte Judith. Er kann mehr als wir, ich meine als die meisten von uns, sagte sie.

Wir spielen nicht, um auf- oder abzuwerten, entgegnete Arthur, wir wollen üben und experimentieren und auch Spaß dabei haben. Jeder und jede auf seine und ihre Art.

So ist es, pflichteten ihm David, Marc und Kamal bei. Amy sagte nichts. Sie sagte selten etwas. Lieber hörte sie zu, trommelte auf ihr Tamburin oder schüttelte Rasseln.

Kamal wandte sich an Samir: Warum trägst du das Tigerauge an der rechten Hand?

Es ist eher ein Heilmittel als eine Zier. Mein rechtes Handgelenk schmerzt mich. Der Stein beruhigt es, vor allem wenn ich Klarinette spiele und er die Beweglichkeit der Finger fördert.

Stört dich der Ring nicht, wenn du den Leuten die Hand schüttelst?

Ich habe hier außer Judith noch niemandem die Hand geschüttelt. Wie schon gesagt, geht es um den Schmerz am Handgelenk. Es ist eine magnetische Wirkung.

Magnetisch, wiederholte Kamal knapp lächelnd, in unsern Ländern stärkt das Tigerauge die Freundschaft und bewahrt vor falschen Freunden.

Dann ist es auch so am richtigen Platz, sagte Zoe.

Kamal zuckte die Schultern und wandte sich ab. Nicht an der rechten Hand, beharrte er.

Wir proben morgen weiter, sagte David.

Samir nahm sein Instrument und verließ als Erster den Keller. Kamals Einwände verstimmten ihn. Er dachte an die kahlen Plätze vor den Sozialwohnhäusern, wo er an manchen Abenden mit den Jungen aus den afrikanischen Ländern wetteiferte, an den gemeinsamen Zwang, um alles und nichts zu kämpfen, ohne den Sinn ihrer Machenschaften zu ergründen. Er betrachtete das Tigerauge und ließ es am Finger der rechten Hand.

Judith und Kamal stritten sich. Du hättest ihn nicht gleich qualifizieren müssen, sagte er.

Ich verstehe nicht, warum du so reagierst. Kürzlich hast du ihm Verletzlichkeit angedichtet, weil ich deine Freundin bin oder du mein Freund bist. Und heute demütigst du ihn vor der ganzen Band wegen eines Symbols. Das ist kläglich und unsinnig.

Er braucht nicht den Ton anzugeben. Es ist seine erste Probe.

David und Zoe widersprachen: Er gibt nicht den Ton an, er hat mehr Erfahrung als wir und fordert uns heraus, was ein Glücksfall sein könnte.

Ja, ein Glücksfall, sagte Judith lachend.

Kamal lachte nicht. Verdrossen schlich er davon.

Am andern Tag kamen sie wieder zusammen. Weil sie etwas befangen waren, hielten sie sich mit ihren Instrumenten zurück. Nur Arthur wirbelte mit den Schlägeln auf die Trommeln und die Becken, stampfte am Hi Hat, sandte funkelnde Blicke, bis David das Aufnahmegerät einstellte und einer nach dem andern zu spielen begann. Der Kontrabass raute auf, was die Klarinette besänftigte, die Gitarre griff schräge Akkorde, die Rhythmus-Sektion variierte die Riffs, der Gesang richtete sich nach der Klarinette. Kamal vermied den Blickkontakt mit Judith. Erst als sie den Schellenring etwas heftig schüttelte, schaute er hin. Sie versuchte zu lächeln. Er trommelte auf der Djembe, schob die Klänge vor sich her, ohne dass sie bei ihr eintrafen. Sie lächelte nochmals, bevor sie sich an Amys perkussives Timbre hielt.

71

Nachdem sie die Aufnahme gehört hatten, sagte David: Die Kombination unserer Band macht mich geradezu glücklich.

Sie gefällt uns ebenfalls, fielen ein paar Stimmen ein, wir könnten an Ostern ein Konzert geben. Lasst uns noch weiterproben!

Kamal stand auf. Ich muss gehen, sagte er, bis zum nächsten Mal.

Judith folgte ihm. Was ist mit dir los?

Ich ertrage Samir nicht, sagte er geradeheraus. Und wie du ihn anhimmelst.

Es geht um Musik und nicht um Anbetungsstunden.

Ich fürchte, dass es im Leben anders zugeht als in der Musik.

Wenn wir spielen, können wir Grenzen überschreiten. Susan würde sagen, das sei der höchste Auftrag der Fantasie.

Für mich gibt es an Ostern kein Konzert, sagte Kamal. Wir wollten doch zusammen wegfahren.

Zuerst das Konzert, falls ein solches stattfindet, dann die Reise, sagte Judith. Ich habe noch kein genaues Datum mit Juliette abgemacht.

Du bestimmst, entgegnete Kamal. Auch ich bleibe bei meinem Entscheid.

Komm, bat Judith, lass uns nochmals in den Keller gehen und weiterspielen, vielleicht sind wir danach einsichtiger.

Zwei verschiedene Ansichten in eine einzige zu verwandeln, ist eine schwierige Aufgabe.

Es könnte auch eine leichte sein, entgegnete Judith, mit Hilfe der Musik vielleicht.

Er zögerte: Sie ist so jung, dachte er, und ich bin traurig und sexhungrig. Und sie ist anarchistischer, als sie es selbst weiß. Lass uns im Wald spazieren gehen, Judith!

Ja, gerne, nach der Probe.

Er war gekränkt. Also dann, sagte er und ließ sie stehen.

Sie ging in den Keller zurück und betrat danach begeistert das Zimmer der Freundinnen. Ich habe die ersten Versuche auf der Djembe gemacht. Samir hat mir ein paar Rhythmen vorgespielt, sagte sie. Ich will üben und trommeln. Habe ich nicht auf der Radauschlägerin bereits damit begonnen?

Und Kamal?, fragte Susan.

Ach, er ist so absolut. Entweder gilt Ja oder Nein, Schuld oder Schuldlosigkeit. Er hat keine Lust mehr, in der Gruppe mitzuspielen und möchte, dass auch ich mich davon fernhalte.

Das wäre schade, du bist begeistert, sogar feurig dabei, sagte Zoe, während sie selbst über dem Waschbecken ihr erhitztes Gesicht abkühlte.

Die großen Feuer, lachte Susan.

Eigentlich bin ich traurig, sagte Judith, kaum haben wir begonnen, uns kennenzulernen, tritt schon die erste Missdeutung auf. Ich mag Kamal, doch auf seine Bitte kann ich nicht eingehen.

Das sollst du auch nicht, ließ sich Agnes vernehmen. Er ist eifersüchtig, das ist alles. Vielleicht kommt er zur Einsicht und ändert seine Meinung.

Eifersucht ist eine Nebenerscheinung der Angst, sagte Susan, der Angst vor dem Verlust der Liebe. Sie wächst sich nicht aus. Dem Eifersüchtigen mangelt es an Sicherheit und Selbstvertrauen.

Gegen große Vorzüge eines andern gibt es kein Rettungsmittel als einzig die Liebe, habe ich mal gelesen, sagte Agnes, wenn es nur nicht Samir wäre.

David und ich werden mit Kamal sprechen, schlug Zoe vor. Es braucht ja nicht gleich ein Sieg oder eine Niederlage zu sein, manchmal endet es wie beim Spiel mit Unentschieden.

Doch Kamal ließ sich nicht umstimmen.

Ich kann so nicht spielen, sagte er. Es ist vielleicht feige von mir, aber ich halte Samirs und Judiths Gegenwart in der Gruppe nicht aus. So bleibe ich lieber fern, umso mehr, als Judith das nicht tun will.

Sie versuchten ihn zu überzeugen, dass sie ihn brauchten und dass es um Musik und Originalität, nicht um persönliche Neigungen und Interessen ginge.

Ich möchte mich zurückziehen, sagte Kamal, ich nehme mein Instrument mit.

Dann also, sagten sie. Sie waren enttäuscht, nicht nur von ihm, sondern auch von sich selbst, von ihrem beschränkten Gedankenaustausch und der geringen Wirkung ihrer Argumente.

Er handelt zu emotional, sagte Agnes.

Die großen Forscher meinen, dass Denken und Fühlen im Gehirn eng verbunden sind, sagte Susan. Denken ist Fühlen in einer andern Form. Es gibt keine Kluft zwischen den beiden.

So hat er also auch den Kopf verloren, entgegnete Zoe.

Ich habe mit ihm gesprochen, sagte Judith, er hält an seinem Entschluss fest. Er will überhaupt auf Distanz gehen.

Dass sie jedes Mal, wenn sie ihn in seinem Zimmer trommeln hörte, einen heftigen Druck auf ihrem Herzen spürte, verschwieg sie.

Samir stellte seine eigene Djembe in den Keller und zeigte Judith, wie und wo auf dem Fell mit den Händen, Fäusten, Handballen, Fingern und Fingerspitzen Töne erzeugt werden. Das bauchige Gehäuse bringt einen enormen Reichtum an Klangfarben hervor, sagte er. Wie und wann weiß man, wohin mit den Händen, fragte sich Judith. Sie dachte an einen Vogel, der sein Nest aufbaut und nicht genügend Gräser, Moos und Federn findet. Es war ihr bewusst, dass sie weit weg von Samirs Talent und Musikerfahrung war. Ihre Freunde und Freundinnen ermunterten sie, und es tröstete sie, wenn Zoe sagte, übe jeden Tag, so lange du kannst, du brauchst in den Schulfächern nicht die optimale Punktzahl zu erreichen. Und Marc bekannte, dass er seinen Kontrabass auch noch nicht allzu lang spiele. David sprach vom Gebrauch einer besonderen Gabe, und Arthur sicherte ihr seine Unterstützung in den Rhythmen am Schlagzeug zu. Amy kicherte: Falls du falsch klingst, werfe ich dir eine Rassel zu.

Es gab eine Probe in der Woche. Wenn auch nicht jedes Mal die ganze Gruppe teilnehmen konnte, Judith und Samir waren stets dabei.

Sie spielten am Donnerstag vor Ostern im vollbesetzten Konzertsaal des Gymnasiums. Alle waren da, Mitschüler und Mitschülerinnen, Freundinnen und Freunde, Lehrer und Lehrerinnen. Die Gruppe zupfte und strich, blies und atmete, stampfte und sang. Im Grunde waren sie alle so intensiv wie verwundbar. Und nach dem Auftritt noch immer elektrisiert.

Das Publikum sparte nicht mit Beifall. Ihr habt eine Grenze überschritten, sagte Susan, die Fantasie lernt fliegen und im Flug Töne und Rhythmen beschwören.

Kamal kam auf die Band zu. Er roch nach Gras und schien in einem veränderten Bewusstseinszustand zu sein.

Ich gratuliere, sagte er, auch dir, Judith, gleichzeitig verabschiede ich mich, ich reise morgen früh ab.

Judith wollte ihn zurückhalten, ihm etwas sagen, aber er hatte sich rasch abgewandt.

Im Zimmer der Freundinnen stockte das Gespräch. Kamals jäher Abschied ließ Verwunderung und Ratlosigkeit zurück. Sie trösteten sich damit, dass auch andere Internatsschüler und -schülerinnen so früh wie möglich abreisten oder bereits abgereist waren.

Susan und Zoe blieben, weil Sinclair und David nicht wegfuhren. Agnes wollte nach Hause fahren. Judith meldete sich bei der Direktion für die Osterferien ab, mit dem Vorwand, das Grab ihrer Adoptivmutter aufzusuchen. Samir empfahl sich ebenfalls.

Judith hatte mit Juliette ein Treffen am Ostermontag mittags in der Cafeteria am Südausgang des Genfer Bahnhofs abgemacht. Wie weit ihr Geld reichte, wusste sie nicht genau, gewiss für eine Reise hin oder eine zurück. Sie nahm am Karsamstag-Abend den Postbus bis zwei Stationen weiter unten im Tal, wo Samir auf sie wartete. Bis Brienz wollten sie in der Dunkelheit der Nacht zu Fuß gehen. Er stand hinter der Haltestelle, geschützt im Dämmerlicht einer Straßenlampe. Judith war abenteuerlich zumute. Sie starrte in die Luft. Die Nacht hatte eine Stimme, die aus der Ferne rief und über den Wäldern und den Engelhörnern vibrierte. Sie spielte mit dem Regen, als brächten leise Trommelwirbel ihr Lied zurück.

Samir berührte ihren Arm. Die Lieder tragen nur eine Erinnerung, kein Wissen, sagte er, lass uns aus diesem Tal verschwinden.

Rasch gingen sie durch die Finsternis einem Acker entgegen. Die ersten Schritte besiegten die Aufregung der vergangenen Stunden. Wie Judith ihren Freundinnen den Reiseplan, vor allem den Umstand verheimlichte, dass Samir sie begleitete. Sie war froh darüber, denn sie brauchte keine Ratschläge.

Der Schneeregen hatte den Ackerboden aufgeweicht. Um ihre Fußspuren kümmerten sie sich nicht. Die Nacht beugte sich über die Pflanzen und klopfte die Tropfen im Takt auf das Kraut. Sie war rührig, sie bewegte das Feld und näherte sich ihnen behutsam von allen Seiten. Als sie den Acker verließen, hatte es aufgehört zu schneien und zu regnen, von den Berghängen sanken Nebelschwaden. Sie gerieten in die schutzlose Helligkeit der Landstraße, in den Schein der Neonlampen und den Lichtstrahl der Fahrzeuge. Hupen heulten, ein Streifenwagen fuhr heran, bremste ab, drückte wieder aufs Gaspedal. Mit abgewandtem Gesicht blieben sie stehen. Auf der unbeleuchteten Straße gingen sie weiter. Judith dachte nicht mehr an die Nacht, nur noch ans Weiterkommen.

Ein Meilenstein markierte die Richtung ihres Wegs. Judith presste ihre Hände aufs Gesicht und begann auf einmal zu weinen. Seit dem letzten Warten auf Juliettes Mutter im Kinderheim hatte sie nicht mehr geheult. Und jetzt wusste sie nicht, um wen sie weinte. Um Juliette, um ihre Mutter, um ihre Fantasie-Mama, um ihre Adoptivmutter, um ihr Lied, um sich selbst, um Kamal, um Samir?

Bitte, erklär mir nicht das Gegenteil, sagte Samir, wir müssen von der Straße weg und die nächsten Weiler umgehen, auch wenn wir diese Wälder nicht kennen.

Sie erklärte nichts, ging hinter ihm der dunklen Öffnung entgegen, die in einen Wald mündete. Drinnen war es stockfinster. In der Nacht wachsen die Bäume nicht in den Himmel. Sie drücken ächzend ihre Stämme in das Wurzelgeflecht des Bodens, damit sie nicht ganz verstummen. Judith rieb die Hände an den Tannenzweigen, schleckte den Saft aus den Hautritzen. Obschon der Pfad eng war, versuchten sie, nebeneinander zu gehen. Es dämmerte bereits, als sie auf einen kleinen Stall stießen. Sie waren so lange durch die Wälder gegangen, dass jede andere Empfindung außer der Müdigkeit verschwand. Sie waren nicht hungrig, nicht traurig, nicht froh, sie hatten keine Angst, sahen kein Wagnis und kein Glück. Nur die elende Erschöpfung hockte im Körper. Sie torkelten durchs offene Stalltor hinein.

Im einzigen Raum des Stalls gab es bloß Heu und ein paar leere Mehlsäcke. Doch das sahen sie nicht auf Anhieb. Übergangslos waren sie vom Schlittern ins Fallen und vom Fallen ins Liegen geraten und eingeschlafen. Judith hörte im Traum Schwalbengezwitscher und bellende Hunde. Die Vögel riefen: Himmlein, Himmlein weltbekannt, wer ist die Schnellste an deiner Wand? Die Hunde knurrten, stießen an die Tür, während sich die Sterne in Buchstaben aufsplitterten. Oh, ihr Schwalben, ihr seid die schnellsten hier, aber die Jäger in den schwarzgrünen Wäldern und den roten Feldern sind noch tausendmal schneller als ihr. Die Vögel flogen so langsam auf die Erde zurück, dass sie jeden ihrer Flügel sehen konnte, aber jenseits des Waldes erhellte kein Himmel die Spuren der galoppierenden Reiter mit den gekreuzten Klingen. Vor der Tür bellten die Hunde. In diesem Moment fiel Samirs Gesicht in ihren Traum. Sie öffnete die Augen und schilderte ihm ihren Schrecken.

Vielleicht ist dein Traum ein Zufall, sagte er, und wer weiß, ob in dieser Nacht die Zufälle nicht abgeschafft worden sind.

Sie betrachtete sein Gesicht. Seine Augen glänzten, als hätten sie einen Wunsch wiedergefunden. Es war still im Stall und warm. Durch die Holzritzen drang der Tag. Sie wussten nicht, wie lange er schon draußen wartete.

Sie betteten sich nackt auf die Mehlsäcke. Samir beugte sich über sie, zog ihr Haar den Rippen entlang und band die Spitzen über dem Nabel zusammen.

Ein Gesicht in einem ovalen Bilderrahmen aus schwarzen Flechten, das mit den Augen verwundert vor sich hinblickt, bemerkte er.

Seine Hände sagten ihr alles, was wahr war und doch keinen Namen hatte. Die Berührung ließ Gänsehaut auf ihren Brüsten zurück. Samir legte sein Gesicht auf das ihrige. Mit den Fingerspitzen befühlte sie den Pulsschlag an seinen Schläfen. Sie hatte die Empfindung, dass sie sich wie zwei ungleich große Wolken aneinanderlehnten und ineinanderschoben, weich und feucht. In ihrem Bauch zitterte ein Muschelteich. Samir löste sich von ihr, setzte sich auf, trocknete mit einem Tuch ihren schwitzenden Körper. Dann breitete er ihr Haar wieder aus. Seine Haut glänzte im Licht.

Beim Ankleiden fiel ihr der Vers ein, den die Knaben gerufen hatten, als sie noch bei der Adoptivmutter lebte. Juditha, heirassa, alle unbeschnitten, welchen willst du kitten.

Samir sagte: Der Gott meiner Familie heißt Allah. Es war immer so, dass irgendein Dummkopf einem andern Dummkopf sagte, er solle die Religion verbreiten. Den männlichen Gläubigen des Islams winkt das Paradies mit seinen Jungfrauen, damit die Männer auch im Jenseits von den Frauen bedient und verwöhnt werden. Ausgerechnet in einer Glaubensgemeinschaft, in der die Frauen früh entjungfert, beliebig ausgewechselt, oft geschlagen, ja sogar getötet werden, fragt sich niemand, woher Allah die Paradiesjungfrauen nimmt.

Aus seinen Rippen, sagte Judith, dann gäbe es Paradiesjünglinge. Sie zog den Taschenspiegel aus der Hosentasche und ließ die Lichtreflexe im Stall tanzen.

Sie lauschten dem Rauschen der Bäume. Der Waldweg ging auf eine Lichtung zu, die sie eher erahnten als erkannten.

Samir sagte: Wir hätten uns denken können, dass ein Heustall nicht tief im Wald steht.

In die vermutete Schneise trat eine Gestalt, die etwas vor sich herschob, einen Karren vielleicht. Sie starrten auf die Erscheinung, die so schnell, wie sie in ihr Blickfeld geraten war, wieder verschwand.

Es ist möglich, dass wir Glück haben, sagte Judith, alles ist möglich. Doch außer dem Glück kam ihr nichts in den Sinn. Und alles klang nach nichts.

Sie versteckten sich in der dunkelsten Ecke im Heu und deckten sich mit ein paar Mehlsäcken zu. Die Sonnensprenkel hatten sich aus dem Heu zurückgezogen und krochen jetzt die Wände hoch. Judith schloss die Augen, roch den Schlaf im Heu, die verschwitzten Kleider und Samirs Haut. Obschon ihr viel zu warm war, viel zu feucht und ein wenig schwindlig, schlief sie gleich wieder ein. Als sie aufwachte, war die Sonne weg. Die Luft roch stickig nach Staub und altem Stoff. Samir ging über das knisternde Heu von einer Wand zur andern, spähte durch die Ritzen, wandte sich zur Tür und wieder zurück. Das Blut pulsierte in seinen Schläfen. Erst schaute er sie lange an, dann stürzte er zum Gadentor, sperrte es auf, stand davor, als müsste er den Stall bewachen. Entsetzt lief sie ihm hinterher. Aber draußen war es mild und noch hell und die Luft rein. Die Baumkronen wippten federleicht.

Samir drückte sie an sich, bitte, widersprich mir nicht, sagte er, aber wir müssen uns sicherheitshalber getrennt auf die Suche nach etwas Essbarem machen. Du gehst in den Wald hinein, nicht zu weit, womöglich gibt es schon Erdbeeren oder Pilze vom letzten Herbst. Kleinholz könnten wir auch gebrauchen.

Sie fügte sich. Nicht zu weit, das klang nach Gefahr. Vielleicht lag es an der Art, wie er es ausgesprochen hatte, oder allein daran, was er sich zu tun vornahm. Die Felder und Bauerngüter auskundschaften, die Hühnerhöfe, die Lebensmittelläden. Und die geografische Lage ihres Standorts. Am andern Morgen wollten sie weiter bis Brienz. In der Höhe lachten Möwen. Der See konnte nicht mehr weit entfernt sein.

Geh zum Stall zurück, bevor es dunkel wird, rief er ihr nach.

Sie ging in die Richtung, aus der am meisten Licht drang. Zu den Birken und Buchen. Es gab wirklich Erdbeeren am Weg, doch waren sie grün und weiß. Sie schaute zurück. Samir stand fast oben auf der erahnten Lichtung. Auch er blickte zurück, den Arm in die Luft gestreckt. Er sah wie ein nicht ganz vollendetes Schriftzeichen aus. Sie winkte und winkte, um die Zeit im Wald anzuhalten. Und die Umrisse des Erdbodens. Und die schwarzgestreiften Flügel des Baumpiepers. Aber sie musste weiter. Bald wurde der Boden weich, übersät mit feuchten Tannennadeln. Am Wurzelwerk der Bäume klebten überwinterte Pilze, als ständen sie mit den Tannen in nutznießerischer Lebensgemeinschaft. Die meisten waren braun und schwammig. Wenn sie sie zerdrückte, entwich ihnen eine weiße Pulverwolke. Die kleinen gelben sahen zart und köstlich aus. Sie leckte an den Lamellen und am Hütchen. Der bittere Geschmack stach auf der Zunge, so dass sie für eine Weile ihren Hunger vergaß. Den Blick ständig auf die Erde geheftet, setzte sie ihren Weg fort. Im tiefen Wald wuchs die Stille. Sie machte sie kleiner. Sie ging weniger schnell und griff langsamer nach dem herumliegenden Brennholz, das sie in den Sack steckte. Auf dem Rückweg aß sie Tannenknospen gegen den Durst und gegen das Pochen in den Schläfen. Zwischen den Bäumen trat die Dämmerung auf sie zu: ein Kobold, der von allen Seiten in ihr Blickfeld schlich. Die alte Angst ging durch ihren Kopf und traf den wunden Keim. Sie verscheuchte die Ruhe und sorgte für Verwirrung. Sie verschwor sich mit den Dingen. Judith bewegte sich hastig weiter. Unter den Birken und Buchen klangen Stimmen an ihr Ohr. Sie horchte und hoffte auf ein glückliches Geschick. Glücklich brauchte es nicht zu sein, nur annehmbar, etwas, das Samir und ihr kein Leid zufügte.

Das Stalltor stand offen. Im Stall war niemand, doch sah sie auf Anhieb, dass er ausgemustert worden war. Sie packte ihre Sachen und rannte ins Freie, in die Richtung, aus der die Stimmen kamen. Unversehens befand sie sich auf der Lichtung. Die Felder zeichneten sich deutlich vor dem finstern Wald ab. Auf einmal bewegten sich dunkle Flecken. Irgendwo bellten Hunde. Weder stützte noch erschreckte sie die Nacht. Judith wusste nur nicht, wohin mit ihr.

Samir kam heran, flankiert von zwei Polizisten. Dann die Hunde. Wohin sollte sie verschwinden? In diesem Augenblick kannte sie keinen andern Ort als diesen hier. Es war zu spät, die Ereignisse aufzuhalten. Zu spät, den unerwarteten Bildern zu entfliehen. Und einem Geruch, bittersüß, wie leicht angefaulte Beeren im Wald. Samir lächelte ihr zu. Einer der Polizisten ergriff Judith am Arm. Samir spie ihm vor die Füße.

Dafür könnte ich dir Handschellen anlegen, sagte dieser, tu das nicht wieder! Genug, dass wir dich ertappt haben, wie du einen Bauernhof durchsuchtest.

Ich habe nichts geraubt, sagte Samir.

Der Polizist hatte Samirs Ausweis in der Hand und verlangte ebenfalls Judiths Identitätskarte. Sechzehn und neunzehn Jahre alt, brummte er. Wir haben einige Fragen, weshalb wir euch aufs Brienzer Kommissariat bringen.

Der Polizeikommissar teilte ihnen mit, die Direktion des Gymnasiums hätte Judiths Abreise Dr. Welti mitgeteilt, worauf dieser gefragt hätte, wo sie sich denn aufhielte.

Judith sagte, ich will mich auf jeden Fall mit meiner Freundin Juliette in Genf treffen. Morgen Mittag.

Das dürfte kurzfristig schwierig sein. Du hast die Wahl, entweder ins Internat zurückzukehren oder dich beim Vormund zu melden.

Ich möchte mit Dr. Welti am Telefon sprechen. Können Sie, bitte, seine Nummer wählen?

Der Kommissar sah sie prüfend an, überlegte lange, bevor er sagte: Ausnahmsweise lässt sich das machen

Hallo, sagte Judith. Bitte, entschuldigen Sie diese Aufregung. Ich habe mich mit Juliette Perrier, einer Freundin aus dem Kinderheim, in Genf verabredet. Sie fährt eigens von Aix-en-Provence dahin. Ich habe mich seit langem auf ein Wiedersehen mit ihr gefreut. In der Folge wollte ich das Grab meiner Adoptivmutter aufsuchen. Sie brauchen sich keine Sorgen zu machen. Ein Schüler aus dem Internat begleitet mich. Er ist im letzten Maturitätsjahr. Wir nehmen morgen ab Brienz den Zug. Wir wollten etwas Geld sparen, weshalb wir zu Fuß unterwegs sind. Sie zwinkerte Samir zu, der still neben ihr saß.

Sie haben bereits alles entschieden, sagte Dr. Welti. Lassen Sie mich wissen, wie es weitergeht.

Ja, danke, bis dann, und frohe Ostern!

Der Kommissar wiegte seinen Kopf. Und was machen wir bis morgen mit euch?

Wir könnten in den Stall zurückgehen, schlug Judith vor.

Kommt nicht in Frage! Wir haben auf dem Kommissariat eine Notunterkunft, da könnt ihr übernachten. In der Cafeteria gibt es Brot, Käse und Pizzas. Eure Papiere bekommt ihr morgen. Ein Zug über Interlaken und Bern fährt um halb neun, Ankunft in Genf viertel vor zwölf.

Wir benachrichtigen die Direktion. Einmal mehr, fügte er hintergründig hinzu.

Sie schauten ihn fragend an.

TEIL DREI

Ein tragischer Vorfall, sagte der Kommissar. Ein Internatsschüler hat sich im Wald unweit des Gymnasiums erhängt. Unsere Hunde haben uns auf die Spur gebracht. Wir fanden die Leiche heute morgen früh.

Judith und Samir zuckten zusammen. Wie heißt er?

Kamal Meddeb, Maturitätsklasse B.

Nein, schrie Judith, als hätte sie ein Blitzschlag getroffen. Sie drohte zu zerspringen.

Beruhigen Sie sich! Sie hörte die kühle Stimme des Kommissars, die sich ihrer Hochspannung zu widersetzen schien.

Samir berührte ihren Arm. Lassen Sie uns an die frische Luft gehen, sagte er zum Kommissar. Kamal war ein Freund.

Ich bedauere. Dann kennt ihr vielleicht das Motiv?

Das Motiv, stammelte Samir, das Motiv war persönlicher Art, mit dem Gymnasium als solchem hatte es wahrscheinlich nichts zu tun.

Das ist es, was uns interessiert, sagte der Kommissar.

Draußen weinte Judith, blind vor Tränen.

Samir legte den Arm um ihre Schultern. Es ist eine Tragödie, sagte er, die mir beinahe den Boden unter den Füßen wegzieht. Wie hätten wir das verhindern können? Er hat sich so schnell von uns allen abgewandt, als könnten wir ihn an seinem Entschluss hindern.

Von seinem Todesplan ahnte ich nichts, schluchzte Judith, doch habe ich es rasch aufgegeben, ihn in seiner Gekränktheit zu verstehen. Um der Musik willen und um deinetwillen.

Wir brauchen uns nicht gegenseitig Schuldgefühle aufzudrängen, entgegnete Samir. Vielleicht gab es noch eine andere Ursache, und er hat eine Erklärung hinterlassen.

Möglich ist, dass er nicht bei Sinnen war, als er den Knoten knüpfte. Ich wünschte es, fügte er leise bei. Wir wissen nicht, ob er seinen Tod schon länger geplant hat.

Und wir ihn ausgelöst haben. Das heißt ich oder du?

Vielleicht, sagte Samir, ich oder du. Oder beide. Oder die Musik, die Maturität, seine Familie, was wissen wir?

Ich weiß nicht mal, ob er schwermütig war, sagte Judith kleinlaut. Er wollte mich an Ostern entführen, und ich hätte es zugelassen.

Samir ging nicht darauf ein. Ich frage mich, ob wir gleich ins Internat zurückgehen sollten, sagte er.

Ich weiß nicht, jedenfalls fahre ich nach Genf zu Juliette.

Unversehens standen sie am Ufer des Sees. Er war dunkel und glatt wie ein Spiegel. Ein Kahn glitt unendlich langsam auf dem Wasser dahin. Da und dort flammte am Ufer ein Licht auf.

Samir sagte: Ich begleite dich, so einfach kann ich dich jetzt nicht ziehen lassen.

Sie umarmten sich heftig in der Cafeteria, nachdem sie in kleinen, getrennten Zimmern eher schlecht als recht geschlafen hatten.

Ich glaubte zu ersticken, sagte Judith.

Und ich konnte nicht mehr schlucken und musste wieder spucken, wie damals nach dem Unfall mit Juliette, sagte Samir.

Als du gedacht hast, sie sei tot, ergänzte Judith, und du dich aber nicht schuldig, nur elend gefühlt hast.

Ja, ein Glück, dass sie lebt, doch zweimal das gleiche Glück gibt es nicht. Kamal lebt nicht mehr. Aber niemand trägt die Schuld an seinem Selbstmord. Er allein hat ihn bestimmt und durchgeführt. Ich denke, der Mensch hat das Recht, sich das Leben zu nehmen. Das Wissen, dass der Freitod nur von einem selbst abhängt und von nichts anderem, verstärkt unsere Freiheit.

Du hast nachgedacht in dieser Nacht, sagte Judith, nicht nur gespuckt.

Samir drückte sie an sich, als der Kommissar eintrat, um ihnen die Ausweise zurückzugeben.

Da seid ihr ja, macht, dass ihr wegkommt, und gute Reise! Übrigens sorgt sich die Direktion des Internats in diesen Tagen weniger um euch als um Kamal Meddebs Selbstmord. Eine Autopsie erfolgt heute. Gymnasiasten der Maturitätsklasse B haben ausgesagt, dass er eher ein Einzelgänger war und sich in den letzten Wochen vermehrt von ihnen abgegrenzt hätte, lieber ganz für sich gewesen wäre, was niemanden verwundert hätte. Er soll sich nicht zum ersten Mal auf diese Art verhalten haben. Sein Tod ist ein großer Verlust für das Internat, ein talentierter Mann in der Blüte der Jugend, so sagen es auch seine Lehrer.

Ja, antworteten Judith und Samir gleichzeitig, bevor sie sich vom Kommissar verabschiedeten.

Sie fuhren schweigend dem See entlang. Durch das Zugfenster drangen die Schiffshörner und die Schreie der Wasservögel. Das verschneite Gebirge hob sich scharf im Morgenlicht ab. Begeistert nannten die Mitreisenden ein paar Namen der Berge. Judith und Samir dachten an die Engelhörner. Wortlos stiegen sie in Interlaken um und fuhren weiter dem nächsten See entlang. Erst im Zug von Bern nach Genf fanden sie wieder Worte für ihr Befinden.

Ich hätte nicht gedacht, sagte Judith, dass der Tag meines Wiedersehens mit Juliette derart bewegt sein würde.

Die Nachricht von Kamals Selbstmord und der Umstand, dass wir uns in der gleichen Nacht liebten, was für ein Gegensatz. Für mich war es zum ersten Mal. Das macht alles so verwirrend.

Samir zog sie an sich. Es gibt keinen Bezug zu Kamals Tod. Du warst mit all deinen Sinnen bereit. Ich liebe dich.

Sie schlang ihre Arme um seinen Hals und flüsterte ihm etwas Rätselhaftes ins Ohr.

Ich bin dankbar, dass man im Internat die Probleme voneinander zu unterscheiden weiß und Zwischentöne kennt. Unter den Lehrern leiden wir nicht, auch wenn wir nicht immer in ihr Weltbild passen. Im Kinderheim hatten wir es dagegen alle gleich schwer.

Ich denke an Juliette, sagte Judith Sie hatte es nicht einfacher als wir, aber sie sah es einfacher, weil sie ihrer Mutter vertraute. Ich möchte mich auf sie einstimmen, ich möchte mich auf die Begegnung freuen.

In Genf saß Juliette bereits im Café, die Drehtüre im Blick, eine Zeitung in der Hand. Sie sprang auf. Erst umarmten sich die beiden Freundinnen und stammelten Unverständliches. Dann fassten sie sich an den Schultern und schauten einander an. Jede dachte für sich: Wir sind größer, unsere braunen und schwarzen Haare länger geworden, die Augen immer noch tiefblau und schwarz. Um den Mund Grübchen und die Andeutung zweier Falten. Aber heute singt das Herz, obwohl es manchmal Schaden erlitten hat. Sie lachten und setzten sich, bestellten Wasser und Sandwiches. Juliette und Samir reichten einander die Hände.

Ich lasse euch allein und mache einen Stadtbummel, sagte er, bin in ungefähr zwei Stunden wieder zurück. Er küsste Judith auf den Mund, und weg war er. Sie schaute ihm nach.

Ich erkenne kaum mehr den Jungen aus dem Kinderheim, räumte Juliette ein, so sehr hat er sich verändert. Er ist schön geworden. Sein Brief hat mich gefreut. Und ihr seid verliebt, nicht wahr?

Ja. Judith nahm Juliettes Hand. Wie sehr habe ich diesen Moment ersehnt, sagte sie, um dich zu fragen, wie viel Angst du damals im Wald hattest und wie viel davon dir geblieben ist.

Wie du siehst, ist der Schnitt am Daumen spurlos vernarbt. Eine Angst deckt die vorherige zu, in meinem Fall war es jene nach dem Schrecken, dass mich meine Mutter verlassen hatte. Ohne sie wollte ich nicht mehr leben. Ich war bei ihr, als sie starb. Sie konnte nicht mehr sprechen. Doch ihren Blick werde ich nicht vergessen. Er durchdrang mich bis ins Innerste. Nach ihrem Tod haben mich Verwandte meines Vaters nach Südfrankreich geholt. Sie sind nett und unkompliziert. Ich liebe die französische Sprache. Im Lycée habe ich Freunde und Freundinnen, die ihr Leben und die Schule unbeschwerter als ich erfahren. Die freier lachen können. Vielleicht haben sie früher keinen Schaden erlitten wie wir.

Das ist möglich, sagte Judith. Ich denke, dass alle auf irgendeine Art Schaden erleiden oder erlitten haben. Gibt es Kinder und Jugendliche, die perfekte Eltern, Schwestern und Brüder, Nachbarn und Lehrer haben? In dieser unbeständigen Welt?

Dann stellt sich die Frage, wie wir mit diesem Schaden umgehen. Ob wir ihn erkennen, verdrängen oder entschärfen und wie sich das auf den Umgang mit anderen auswirkt.

Du hast immer versucht, mir zu helfen, sagte Judith, dein Verständnis für meinen Schaden war unbegrenzt. Du hast sogar deine Mutter mit mir geteilt. Ich habe sie im Tiefsten vermisst. Nun lebt sie nicht mehr. Es klingt armselig, wenn ich sage, dass ich deine Trauer mit dir teile.

Danke, sagte Juliette. Du gehörst nicht zu den Skrupellosen, die sich vor allem darum sorgen, weiteren Schaden von sich abzuweisen. Du hast mir im Kinderheim in der Nacht einen trockenen Schlafplatz freigehalten. Schau, was mir Mama unter anderem hinterlassen hat.

Sie zog ein Foto aus ihrer Tasche und streckte es Judith entgegen.

Oh, unser Picknick am See. Deine Mutter zwischen uns beiden, den Arm um unsere Schultern. Unvergesslich. Wie oft habe ich mich später in diesen Moment zurückversetzt.

Mama sieht zufrieden aus, sagte Juliette. Sie war vierzig und wir elf. Heute wäre sie fünfundvierzig. Sie lebt weiter, weil wir an sie denken und ihren Schutz zu spüren glauben. Ich überlasse dir das Bild bis zu unserem nächsten Treffen. Ich habe es zwei Jahre lang angeschaut. Nun bist du an der Reihe.

Judith umarmte ihre Freundin. Das Foto ist mir teuer, ich werde es hüten. Freilich wollen wir nicht zwei Jahre warten, bis wir uns wiedersehen, nicht wahr?

Oh nein, vielleicht möchtest du im Sommer für ein paar Wochen nach Aix-en-Provence kommen? Ich bin ziemlich sicher, dass meine Verwandten einverstanden wären. Platz ist genug da und die Ferienzeit lang. Wir könnten uns im Garten und im Rebberg nützlich machen. Und lesen, französische Literatur, Prosa und Lyrik. Das Gedicht geht mit dem Gesicht ins Gericht, ergänzte sie.

Oder das Gesicht geht mit dem Gericht ins Gedicht, lachte Judith, eine gute Idee, ich werde das Dr. Welti, meinem Vormund, mitteilen. Wer weiß, ob die Winzer auch Samir einstellen würden?

Lass uns zuversichtlich sein, sagte Juliette.

Judiths Stimme war gepresst. Es war ihr auf einmal unmöglich, sich zurückzuhalten. Sie musste ihrer Freundin von Kamals schrecklichem Tod und den Begleitumständen erzählen.

Juliette war betroffen. Erst schwieg sie, dann sagte sie leise, eine schwierige Situation für dich und Samir, aber was sage ich, ihr sollt nicht auch noch daran Schaden nehmen. Mir scheint, dass Kamal seine Tat vorbereitet hat und nicht davon abzubringen gewesen wäre. Für einen solchen Akt braucht es mehrere Impulse, und trotzdem herrscht nur der Wille vor, mit dem Leben Schluss zu machen. Er leidet jetzt nicht mehr.

Das ist auch ein Trost, sagte Judith in dem Moment, als Samir von seinem Stadtbummel zurückkehrte.

Was für bestürzte Gesichter sehe ich, bin ich zu früh gekommen?

Das ist es nicht, entgegnete Juliette. Wir haben soeben von Kamal gesprochen und dass ihr euch keine Schuld und auch keine Skrupel anzulasten braucht, so traurig euch dieser Tod stimmt.

Ja, sagte Samir, wir wollen der nächsten Zeit vorurteilsfrei entgegensehen. Ich denke, dass wir so rasch wie möglich ins Internat zurückkehren sollten. Sie könnten uns dort brauchen.

Dazu hätte ich auch geraten, sagte Juliette, obschon ich mich nicht gern von euch trenne. So kurz wie unser Wiedersehen war, so vertraut fühlte sich unsere Nähe an, als hätte es keine Jahre dazwischen gegeben.

Judith seufzte. Ich muss Dr. Welti anrufen, ihm erklären, warum ich wieder nicht das Grab meiner Adoptivmutter aufgesucht habe.

Eigentlich wollte sie überhaupt nicht hingehen und die paar Ferientage lieber mit Samir verbringen. Der Vorwand war eine Lüge. Sie war sich bewusst, dass sie ihren Vormund vom Polizeikommissariat aus angelogen hatte und dass man Menschen, die man braucht, in wesentlichen Dingen nicht anlügt.

Sie winkten aus dem Fenster des Abteils. Juliette stand auf dem Bahnsteig mit hochgestreckten Armen, fasste nochmals nach Judiths Händen, lief neben dem Zug her. Ihre Lippen formten Worte, die sie eher errieten als verstanden.

Ich habe mich getäuscht, sagte Samir zu Judith, das Lied trägt nicht nur eine Erinnerung, sondern auch ein Wissen.

Sie wurden noch am gleichen Abend im Internat einzeln befragt, nachdem die andern Mitglieder der Band, das heißt David, Arthur, Marc, Zoe und Amy ausgesagt hatten, dass Kamal in der Musikgruppe die Djembe gespielt hatte, bis Samir mit der Klarinette dazukam, was im Hinblick auf die Musik sowie auf die Freundschaft mit Judith zu Rivalitäten zwischen den beiden geführt haben könnte. Sie betonten, dass ihre und Judiths Versuche, Kamal in der Gruppe zu behalten, erfolglos geblieben waren.

Judith sagte: Kamals Freitod stimmt mich überaus traurig. Wir haben uns gern gehabt. Doch seit Samir in der Band mitspielte, distanzierte sich Kamal nicht nur von dieser, sondern auch von mir, weil ich mich weigerte, die Gruppe zu verlassen. Er war nicht zu überreden und ich auch nicht. Er wollte in Ruhe gelassen werden. Mit der Zeit habe ich mit Samir Freundschaft geschlossen. Wir kennen uns seit der gemeinsamen Zeit im Kinderheim.

Samir sagte: Die Musiker in der Band haben mich mit Freude aufgenommen. Doch Kamal wollte nicht mit mir spielen. Er nahm seine Djembe und ging. Ich stellte meine in den Keller und zeigte Judith das Manuelle und Rhythmische auf diesem Instrument. Ich nehme an, Sie haben das Konzert unserer Band vom letzten Donnerstag gehört. Kamal hat uns gratuliert und sich verabschiedet. Sein Tod tut mir sehr leid.

Sie sagten: Die Autopsie hat ergeben, dass Kamal psychoaktive Substanzen wie Alkohol, Nikotin und Cannabis genommen hatte. Wir denken, dass sein Drogenkonsum, womit er wahrscheinlich seinen seelischen Schmerz zu betäuben versuchte, nicht neueren Datums war. Er war intelligent und talentiert, was nicht ausschloss, dass er zu Überempfindlichkeit neigte. Wir sind wegen seines tragischen Todes äußerst betroffen, umso mehr, als weder seine Mitschüler, Mitmusiker noch wir als Leiter und Lehrer früh genug sein Befinden erkannten und ihm die nötige Einfühlsamkeit entgegenbrachten, um womöglich dieses Ende zu verhindern. Der Tote war kurze Zeit im Leseraum des Hauptgebäudes aufgebahrt, bevor er für die Autopsie abgeholt wurde. Die Eltern haben die Leiche gleich nach Tunesien zurückbringen lassen. Der tote Kamal gehört jetzt zu ihnen. Mit den Worten »Verzeih mir, Mutter« hat er in einem Brief Abschied genommen.

Sie räusperten sich: Überdies denken wir, dass der Musikstil der Gruppe, vor allem im Hinblick auf deren früh verstorbene Idole, Kamal beeinflusst haben könnte. Deshalb fordern wir die Bandmitglieder auf, aus Pietät das Musizieren im Keller zu unterlassen.

Draußen senkte Judith den Kopf, um ihre Tränen vor Samir zu verbergen. Sie erinnerte sich an den Sturz im Wald und an ihr Gefühl nach Juliettes Unfall. Heute hatte sie die Schuld im Genfer Bahnhofscafé begraben. Nun war sie wieder mit einem andern Namen gegenwärtig.

Samir legte den Arm um ihre Schultern. Weine nicht, sagte er, du trägst keine Verantwortung für das, was geschehen ist. Doch die Leiter und Lehrer haben etwas Wesentliches nicht verstanden. Sie verbieten uns zu spielen, obwohl wir uns mit diesem außergewöhnlichen Zustand auch in der Musik auseinandersetzen sollten. Ich werde mit David und Arthur sprechen. Bis morgen, Liebste, ich kann mich kaum von dir trennen. Wenn ich nicht wüsste, dass es nur ein Übergang ist, eine Nacht-Passage, würde ich es nicht aushalten. Noch im Traum werde ich dich überallhin küssen.

Es war Mitternacht, als sie in ihre Zimmer gingen. Sachte drückte Judith die Türklinke. Sie war froh, dass

Susan und Zoe bereits schliefen. Eine Aussprache hätte ihr jetzt zugesetzt. Sie zog sich aus und legte sich gleich ins Bett.

Good Lord, you're back, flüsterte Susan, sleep well!

Judith schlief tief und traumlos, keiner der tausend Küsse Samirs erreichte sie in dieser Nacht.

Als Erste stieg Zoe aus dem Bett. Wie gut, dass du da bist, Judith, rief sie. Unsere Band trifft sich heute Morgen im Keller. Wir möchten besprechen, was wir tun wollen. Sie senkte ihre Stimme: Kamals Freitod hat uns zutiefst betrübt. Doch war es sein Entscheid. Wenn es nun so aussieht, als sei die Band am Geschehen beteiligt, dann sind wir es alle im gleichen Ausmaß. Du brauchst kein Quäntchen mehr auf dich zu nehmen, und Samir auch nicht.

Als mir Kamal erklärte, sagte Judith, er möchte auf Distanz gehen, fasste er mich an den Schultern, als wollte er mich schütteln. Sein Blick erschreckte mich. Ich war wie versteinert. Würde er noch leben, wenn ich ihn genötigt hätte, bei mir und der Gruppe zu bleiben?

Er wäre in diesem Moment nicht darauf eingegangen, sagte Susan. Er wünschte den Tod mehr als das Weiterleben.

In diesem Moment, sagst du. Ich habe ihm jedoch keine späteren Momente gewährt.

Dazu hattest du keinen Anlass.

Im Gegensatz zu Samir quält mich trotzdem ein Schuldgefühl, sagte Judith.

Samir liebt dich, da sind keine Schuldgefühle angemessen. Versuch es zu machen wie er. Hüte deine neue Liebe. Ich habe den toten Kamal gesehen, fuhr sie fort. Das Band, das um das Kinn und den Kopf gewickelt war, gab seinem Gesicht etwas Geheimnisvolles. Er schien zu lächeln, als hinge er heiteren Gedanken nach und hätte Verständnis für alles, vor allem für seinen Tod.

Die Internatsleitung hielt an ihrem Entschluss fest. Die Band musste die Proben im Keller abbrechen. Die Musiker ließen sich nicht auf Diskussionen ein. Sie kannten die Stelle im Wald, einige hundert Meter vom Pfad entfernt. Ein Kreuz und einen Halbmond für Kamal hatten sie in die Borke einer uralten Kiefer geritzt. Gemeinsam trugen sie jedes Wochenende ihre Instrumente dorthin und wieder zurück ins Internat. Die Töne liefen in alle Richtungen und verschwanden irgendwo zwischen den Bäumen. Sie zupften, bliesen, trommelten, stampften, schrien und sangen gegen das Grün, gegen den Wind, gegen den Tod. Bis zum Sommer spielten sie für Kamal, als kämpften sie um ihr eigenes Leben.

Der Wald war dicht. Er wurde ihr Freund und Vertrauter. Er verbarg sie, so wie er ihre Töne aufnahm und versteckte. Sie liebten sich, an die Stämme der Bäume gelehnt, der Geruch ihrer Haut vermischte sich mit dem Duft der Fichten. Sie legten sich auf den Sonnenfleck des Nadelbodens, setzten sich auf die Äste und wippten miteinander. Sie wollten leben, sich dort vereinigen, wo die Wärme des Lebens für sie aufbewahrt war. Im Internat trafen Beschwerden der Nachbarschaft ein. Man bat sie, wieder im Keller zu spielen.

Am Ende des Schuljahrs gehorchten sie, schalteten im Keller die Verstärker und das Aufnahmegerät ein. Sie freuten sich über ihre musikalische Entwicklung. Der Wald hatte sie belohnt.

Sie spielten nochmals in der vollbesetzten Aula des Gymnasiums. Ein Abschiedskonzert. Leiter, Lehrer und

Schüler, Freunde, Eltern und Bekannte waren dabei. Das Publikum reagierte hellhörig, um am Schluss mit frenetischem Beifall der Musik dieser Jugendlichen zuzustimmen, die alles gaben, was sie in den letzten Monaten erarbeitet hatten. Sie verneigten sich, erfüllt und leer zugleich, wussten sie doch, dass dies ihr letztes gemeinsames Spiel gewesen war.

Sie umarmten einander, versprachen sich Freundschaft, wohin auch immer ihre Wege führen sollten. David bekam ein Stipendium an der High School of Music & Art in New York, Arthur wollte in Bremen Geschichte studieren, Amy in Oxford Literatur, Samir wusste noch nicht, wie es weitergehen sollte, Zoe und Marc blieben fürs Maturitätsjahr im Internat, Judith hatte noch zwei Jahre vor sich.

Im Zimmer der Freundinnen verabschiedete sich Susan. Sie ging zusammen mit Sinclair nach London an eine Fakultät für Naturwissenschaften.

Susan drückte Judith fest an sich, ich werde dich vermissen, meine liebe Freundin, take care, ich habe dir gesagt, du und Samir sollt euch bei der Hand nehmen, damit meine ich auch, dass ihr nicht nur eure Liebe, sondern euch selbst schützen sollt. Du willst doch jetzt kein Kind, oder? Auf deinem Nachttisch liegt ein Päckchen Kondome.

Judith umarmte Susan. Du hast mich hier im Internat von Anfang an mit offenen Armen begrüßt, mir geraten und geholfen, du wirst mir enorm fehlen, lass uns einander schreiben, lass uns in Kontakt bleiben. Sie schauten sich lange an, während Zoe und Agnes im Zimmer herumtanzten, lachten und sangen, nein, jetzt kein Kind, jetzt kein Kind, kein Kind.

Judith ließ Sommer und Herbst vorübergehen, bevor sie das Grab ihrer Adoptivmutter aufsuchte. Wieder fiel Schnee auf die Stadt, der erste Schnee. In wilder Hast jagten die Flocken durch die Luft, mehrten sich bald zu einem dichten Schleier. Der Friedhof war in Dunst gehüllt, der den mittäglichen metallischen Glockenschlag der Kirchenuhr dämpfte. Auf den Telefondrähten drückten sich die Krähen aneinander. Judith hatte sich gewappnet: Kapuzenmantel, Handschuhe und wasserdichtes Schuhwerk. Sie legte einen Strauß weißer Chrysanthemen auf die Schneedecke der letzten Ruhestätte von Berta Roos. Gemäß den Daten auf dem Grabstein war sie auf den Tag genau vor elf Monaten gestorben. Hätte sie ihrer Adoptivmutter, wenn sie noch lebte, vom Sommer in der Provence erzählt? Von Juliette und ihren Verwandten, die auch sie gastfreundlich auf dem Weingut zwischen der Sainte Victoire und dem Aurelischen Berg aufgenommen hatten? Von den Winzern, die sich am Morgen früh im großen Zimmer am Eichentisch versammelten und das Tag- und Wochenwerk besprachen? Am Anfang hatte sie nur Kaffee getrunken und nicht viel verstanden.

Juliette übersetzte ihr das Wesentliche, doch sagte sie gleich: Alles ist wichtig, du wirst schon dahinterkommen. Das Provenzalische, vermischt mit dem Französischen des Südens, war neu für Judiths Ohren.

Französisch im Internat war nicht schwierig, sagte Judith, doch jetzt, vai cagar – geh arbeiten, und auf einmal habe ich Cousins und Cousinen ohne die entfernteste Blutsverwandtschaft, die Tanten sind nett, und die Onkel mit Schnauz und Bart sehen stark aus, vielleicht sind sie auch gutmütig, eigentlich brauche ich mich nicht zu sorgen, das würde heißen s'engatser, oder doch, weil ich noch nie eine Familie gehabt habe, das ist wirklich aufregend.

Verrückt werden wir deswegen nicht, lachte Juliette, auf Provenzalisch würde das fada heißen. Tante Liliane ist die Schwester meines Vaters und Onkel Bernard mit dem Schnauz bis zu den Ohren ihr Mann. Sein Bruder ist Onkel Albert, seine Frau heißt Jeanne. Ihre Söhne sind Jean und Julien. Die Töchter von Onkel Bernard und meiner Tante Liliane sind Louise und Laurence.

Das Steinhaus war zweistöckig, langgezogen, mit zwei Seitenflügeln gegen Westen und Osten. Der Blick aus ihrem gemeinsamen Zimmer reichte über die Weite des Weinbergs bis zu den Bäumen des Arctals und dem Plateau der Sainte Victoire. Auf der Hinterseite stand in karger Schönheit ein Olivenhain.

Weiter gegen Westen blühen im Frühling bis zum Sommer die Irisfelder, sagte Juliette, schier unbegrenzte Farbtöne. Doch das ganze Jahr über geht es um die Traube. Sie sagen, dass sie an jedem Rebstock mindestens siebzehnmal arbeiten. Im Januar und Februar zurückschneiden und Fruchtruten bestimmen. Im März und April Fruchtruten biegen und binden, um die Triebe gleichmäßig zu verteilen. Dann lockern sie den Boden auf, säen Pflanzen und Körner, versorgen die Weinstöcke mit Nährstoffen, und wenn sie austreiben, fügen sie organische Schutzmittel hinzu. Während der Blüte wird der Stock zur Selbstbefruchtung in Ruhe gelassen. Zwischen Juni und August arbeiten die Weingärtner am Blattwerk. Sie binden Triebe fest, um sie vor dem Mistral zu schützen, entfernen Blätter, um den Rebberg zu durchlüften. Wenn Anfang August die Reifephase eintritt, beginnt die grüne Lese. Sie entfernen einige schon erbsengroße Beeren, damit die verbleibenden mehr Kraft bekommen. Wir können mithelfen, wenn wir möchten, fuhr Juliette fort, sie erklären uns gerne die erforderliche Arbeit. Die Tanten und Cousinen besorgen meistens die Lebensmitteleinkäufe, kochen köstliche Gerichte und arbeiten im Gemüse- und Blumengarten.

Ich habe große Lust, überall mitzuhelfen, sagte Judith, am liebsten im Weingarten, wo die Winzer nicht von der Traube träumen, sondern die Trauben von ihnen.

Sie fingen früh am Morgen an. Sie halfen die am Boden wachsenden Reben aufbinden oder einkürzen. Da die Befruchtung von kurzer Dauer war und das Verblühen ohne Befruchtung vermieden werden musste, schnitten sie nach der Blüte da und dort die Fruchtansätze weg, um den Ertrag zu mindern und die Qualität der Ernte zu steigern. Die Arbeit war heikel und schwierig. Das Werkzeug beschwerlich. Sie waren ständig auf einen fachmännischen Hinweis angewiesen. Dafür standen ihnen die beiden Cousins Jean und Julien zur Seite.

Die Rebe ist eine Schlingpflanze, sagten sie und schauten einander bedeutsam an, man muss ihr natürliches Wachstum lenken, der Schnitt von Hand zählt zu den wichtigsten Aufgaben des Winzers. In der Provence gibt es drei verschiedene Schnitte, die wir in der Fachschule und von unsern Vätern gelernt haben. Sie waren nicht immer so geduldig, wie wir jetzt mit euch sind.

Weil wir Glück haben, lachten die beiden.

Gegen Mittag schwirrten die Insekten. Die Sonne brannte. Das Thermometer stieg auf 30 Grad. Sie arbeiteten weiter. Judith war erschöpft.

Endlich saßen sie am großen Eichentisch. Sie aßen Fischsuppe mit Croûtons und Sauce Rouille, zum Nachtisch Wassermelonen. Louise und Laurence, die beiden Cousinen, erzählten vom Fischmarkt. Von den Meerbarben und Seeteufeln, den Krebsen und Langusten, eigentlich vom Rohmaterial dieser Mahlzeit. Außer dem Klappern des Bestecks war es sonst still in der Tischrunde. Judith fühlte sich geborgen.

Nach dem Mittagessen schlug ihnen Tante Liliane einen Spaziergang ins Arctal vor. Im Schuppen sind Fahrräder, falls ihr nicht zu Fuß gehen möchtet.

Zusammen mit den beiden Cousinen radelten sie ans Flussufer. Sie folgten den Windungen des Wasserlaufs im Schatten der Pinien und Silberpappeln, die sich da und dort über den Fluss wölbten. Als ein Schwarm Vögel in ein blühendes Gebüsch am Weg einfiel, stiegen sie von den Rädern, streckten die Füße ins Wasser und betteten sich ins moosige Gras unter den Bäumen.

Wir hätten bis nach Aix-en-Provence fahren können, sagte Louise, es fehlen nur noch ein paar Kilometer.

Ein anderes Mal, beschwichtigte sie Juliette, lass uns entspannen und das Flusstal genießen.

Arc heißt auf Provenzalisch Lou Lar, lachte Laurence, deshalb unsere Lou-La-Namen.

Von der Traube bis zum Wein ist es ein langer Weg, murmelte Judith, nicht zu reden von jenem vor der Traube. Sie schlief ein.

Beim Nachtessen sagte sie: Im Weinberg möchte ich erst wieder bei der grünen Lese mithelfen, wenn ihr einverstanden seid, und mich dafür im Gemüsegarten oder in der Küche nützlich machen.

Wenn ihr für den Schnitt noch jemand braucht, warf Juliette ein, Judiths Freund Samir würde gerne im Rebberg arbeiten. Was meinst du, Tante Liliane?

Liliane schaute in die Tischrunde. Das können wir versuchen, schlug Onkel Bernard vor. Ja, klar, sagten die Cousins, ist der Schnitt nicht eher Männersache? Die Frage blieb unbeantwortet.

Jedenfalls haben wir genug Platz und genug Arbeit in diesen Sommermonaten, entschied Tante Liliane.

Am andern Tag fuhren sie mit dem Bus, der Juliette während der Schulzeit ins Gymnasium nach Aix brachte. Sie zeigte ihrer Freundin das Lycéee Paul Cézanne an der Avenue Fontenaille. Die Pforten waren geöffnet. Judith kam ein bekannter Geruch entgegen, der Schulgeruch nach Bohnerwachs, Staub und Schriftstücken, in den Klassenzimmern der obersten Jahrgänge eine Ahnung von Parfüm, die in ihr Sehnsucht nach ihrem Internat weckte. Nach Samir und nach den Zimmer-Freundinnen. Ihr war bewusst, dass sie Susan nicht so bald wiedersehen würde, doch dass Zoe ihre Matur nicht mehr im Internat machen würde, sollte sie erst nach den Sommerferien erfahren.

Zoe war David nach New York gefolgt, um dort das Abitur zu bestehen. Ihre Eltern, die nicht mehr zusammen gefunden hatten, waren mit diesem Entschluss nicht einverstanden, obschon auch sie einmal jung gewesen waren. Das geht vorbei, sagten sie, was Realität ist, schreibt das Leben vor. Doch Zoe wehrte sich gegen die Ansicht der Eltern. Sie war sicher, dass sie das Leben und die Moral deutlicher durchschaute als ihr Vater und ihre Mutter.

Juliette sagte: Ich bin in den guten Jahrgang gerutscht, das Lycée ist erst seit drei Jahren auch für Gymnasiasten zugänglich. Die Mädchen mussten damals eine Uniform tragen, eine blaue Ärmelschürze.

Magst Du einen Jungen besonders gern?

Ja, aber nicht so, wie du Samir liebst. Lucien und ich sind wie Bruder und Schwester. Bevor wir nach dem Unterricht heimgehen, treffen wir uns in der Bibliothek

Méjanes und lesen oder leihen uns Bücher aus, literarische Titel, Bildbände oder Werke zur Kunstgeschichte. Im Winter lesen wir im Café, um uns beim Duft der Getränke wie Schokolade und Kaffee, die andere trinken, zu erwärmen. In der Aula gibt es Musik, Bilder und Filme rund um das Buch und die Kunst. Lucien kommt aus Vence. Als Vierzehnjähriger hat er mit seinem ersparten Geld das Werk eines englischen Künstlers erstanden, der oft in Südfrankreich arbeitet.

Was bewegt einen Jungen in diesem Alter, sich ein Kunstwerk zu leisten?

Juliette sagte, sein Vater mag ihn dafür begeistert haben. Als Taxifahrer begleitet er Künstler wie Chagall, Dubuffet, Matisse u. a. ins Museum oder in die Kunstgalerien. Lucien ist ein treuer, begeisterungsfähiger Mensch, der sich nicht nur für seine eigenen Belange, sondern auch für die seiner Freunde einsetzt. Ich kann mich auf ihn verlassen. Zum Jahresabschluss im Frühsommer traf sich unsere Klasse zusammen mit den Lehrern zu einer Feier im nahen Park. Einige spielten Musik, andere Fußball, die meisten redeten über alles Mögliche und Unmögliche, alle aßen und tranken. Die Ferien begannen. Am Himmel wanderte die Sonne gegen Westen, wir ließen sie ziehen, befassten uns mit unsern Interessen, heilten Kratzer, so wie es sich ergab. Einer wusste nicht, wohin mit seinen Kräften, las einen Stein auf, warf ihn durch den Park. Vielleicht war es dem Flug anzusehen, dass ein Betrunkener den Stein geschleudert hatte, jedenfalls schoss er haarscharf am Kopf eines Lehrers vorbei. Jemand schrie, dann war es still. Die Blicke richteten sich auf Paul, der unsicher auf seinen Beinen stand. Lucien sagte mit fester Stimme: Ich habe Paul herausgefordert. Es ging um die Zeit und den Abstand, den ein Wurfkörper zurücklegen kann. Glücklicherweise wurde niemand verletzt.

Paul sank in die Knie. Die Lehrer starrten Lucien an.

Du bist der Sanfteste von allen, seit wann interessierst du dich für Geschosse, gehört das zur Kunst?

Ja, sagte Lucien, alles gehört zu allem.

Das war das Ende der Jahresfeier, wir nahmen Abschied bis zum Herbst.

Warum hat Lucien sich für Paul eingesetzt?, fragte Judith.

Weil Paul so viele schlechte Zensuren hatte, dass er durch eine zusätzliche von der Schule verwiesen worden wäre. Lucien ist das nicht egal, verstehst du? Er ist ein Vermittler. Er sagt, dass Paul nichts an der Maturität hindern dürfe.

Was habt ihr zuletzt im Café gelesen?

Albert Camus. Wir lieben sein Werk mit all den biografischen Besonderheiten, die sich darin spiegeln. Sein rastloses Leben während des Krieges zwischen Frankreich und Algerien, seine Lungenerkrankung, der Umzug nach Paris und der Abschied von seinem geliebten Algier, vom Meer und der Wärme. Uns beeindruckt, dass er Solidarität, Zusammenarbeit und eigenständiges Handeln als höchste menschliche Werte versteht und sich seiner eigenen Würde und damit der Würde aller Menschen bewusst ist. Er hat einen langen Atem im Widerstand gegen Ausbeutung, Zerstörung und Hass entwickelt. Die Fähigkeit zur Revolte sieht er als Kern der Humanität.

Lass uns in die Bibliothek gehen, bat Judith, wo ich mir einige seiner Bücher ausleihen kann.

Ja, sagte Juliette, wir können auch mal nach Lourmarin fahren. Dort steht sein Haus, und sein Grab befindet sich auch da. 1957 hat er dank des Nobelpreises das Haus für seine Familie gekauft, um der Sonne, dem Meer und seiner Heimat näher zu sein. 1960 verunfallte er tödlich auf einer Autofahrt nach Paris. Er wollte den Zug nehmen, hatte bereits die Fahrkarte. Der Verleger Michel Gallimard schlug ihm jedoch vor, in seinem Wagen zu fahren.

Sie schwiegen.

In der Bibliothek lieh sich Judith drei seiner Werke aus. In einem der Bücher hatte jemand eine Notiz von Camus hinterlassen: »Das Elend hinderte mich zu glauben, dass alles unter der Sonne und in der Geschichte gut ist; die Sonne lehrte mich, dass die Geschichte nicht alles ist.«

Die Cousins holten Samir am Bahnhof in Aix-en-Provence ab. Judith wollte mitgehen, doch die beiden sagten, das ist unsere Aufgabe. Sie trafen später als erwartet ein. Wir haben das Ereignis mit einem Pastis vorgefeiert, erklärten sie.

Judith konnte vor Freude kaum an sich halten, als Samir Koffer und Klarinette absetzte und sie in die Arme schloss.

Liebste, wie habe ich diesen Moment herbeigesehnt.

Ringsum war es still, nur das Geschnatter der Brandgänse im Flug war zu hören. Darüber weitete sich ein tiefblauer Abendhimmel. Nicht das leiseste Windchen wehte. Die Nachmittagshitze hatte sich in die Mauern des Landhauses zurückgezogen. Nun gab der Stein, über den die Eidechsen flitzten, die gespeicherte Wärme auf die von einer Platane überdachte Terrasse ab.

Ich möchte eine Begrüßung auf der Klarinette spielen, sagte Samir, während er sich von Judith löste und den Schweiß von der Stirn wischte.

Er setzte die einzelnen Teile seines Instrumentes zusammen, schob das Rohrblättchen ins Mundstück und fingerte kurz über die Klappen. Dann spielte er. Die Musik war schwerelos. Judith schien mit Juliette und ihren Verwandten den Farben und Klängen dieser Musik zu entsprechen. Am Ende spielte Samir mit den Vögeln, indem er ihrem Schwadronieren lange, eindringliche Töne entgegenhielt.

Einer klatschte in die Hände, andere fielen ein. Onkel Bernard lachte, Louise und Laurence waren entzückt, die Verwandtschaft hieß Samir willkommen.

Drinnen ist der große Tisch gedeckt, sagte Tante Liliane, nachdem Samir sein Zimmer bezogen hat, wollen wir uns hinsetzen und feiern?

Sie tafelten zu elft, schauten sich an, überrascht und zugleich ungezwungen. Sie tranken Wein aus den eigenen Keltern. Louise und Laurence trugen auf: Riesenmuscheln, marinierte Sardellen, Tintenfisch, Salate, gegrillte Auberginen, getrocknete, in Öl eingelegte Tomaten. Sie reichten sich die Gerichte von einem Tischende zum andern. Doch das war nicht alles. Jean und Julien stellten zwei riesige Platten auf den Tisch: Kabeljau garniert mit Kartoffeln, Karotten, grünen Bohnen und Blumenkohl. Und das klassische Aioli. Sie redeten vom Wein in den Gläsern und von der Traube im Weinberg. Und vom Wasser; wie sie sich dauernd bemühten, die Wasserverwaltung zu verbessern: Aquädukte, Kanäle, Quellen, Zisternen. Samir hatte seit der Matur eifrig über den Beruf des Winzers gelesen, so dass er mehr verstand, als er erwartete, sofern sie ihr Französisch nicht mit dem Provenzialischen vermischten.

Er sagte, dass er sich auf die Arbeit im Rebberg freue.

Morgen fangen wir ausnahmsweise erst um sieben an, sagte Onkel Bernard, sonst jeden Tag um halb sechs oder sechs. Je früher am Morgen, desto angenehmer ist es im Sommer. Von eins bis fünf nachmittags ist Essens- und Ruhepause. Dann arbeiten wir bis ungefähr acht abends

Ja, ergänzte Onkel Albert, so ungefähr, und jetzt lasst uns nochmals anstoßen und dann uns und unserem künftigen Mitarbeiter Kaffee und Cognac servieren.

Als Samir, Judith und Juliette berauscht auf ihre Zimmer gingen, sagte Samir: Nach der griechischen Mythologie fiel eines Tages ein Blutstropfen der Götter auf die Erde. Ein Strauch keimte und trieb Ranken. Der Weinstock war geboren. Gute Nacht.

Er legte den Arm um Judiths Schultern und führte sie in sein Zimmer, mit Blick gegen Westen, auf den Olivenhain und die verblühten Irisfelder.

Judith streifte einen Handschuh ab und wischte mit bloßen Fingern den Schnee von den Chrysanthemen. Sie sah wieder ihr Leben vor sich, auf ein Ziel gerichtet, von dem sie nichts wusste. Außer ihr und den Toten war niemand auf dem Friedhof. Wo war Herr Roos, ihr Adoptivvater? Hatte sie sich jemals gefragt, warum die Menschen, die sich geliebt hatten, einander einfach verließen, ohne Sang und Klang? Nur Kamal beschwörte Sang und Klang herauf, als er aus dem Leben ging. Die Musik der Internatsband würde nicht in ihren Ohren verklingen, auch wenn alle Instrumentalisten, außer Marc am Kontrabass, weg waren. Eine neue Musikgruppe kam nicht mehr zusammen. Judith vermisste Zoe, zu dritt hätten sie vielleicht versucht, spielend zu improvisieren oder improvisierend zu spielen. Und sie war froh, dass immer noch Agnes mit ihr das Zimmer und den Schulstoff teilte. Sie freute sich auf Agnes. Sie liebte ihre hohe helle Stimme, wenn sie Lieder sang. Und den Pferdegeruch, den sie nach ihren Reitstunden mitbrachte. Und wenn sie, die Lösung einer kniffligen Aufgabe rasch erkennend, flüsterte: Pegasus, ich bin beflügelt.

Der Schnee trieb in dicken Flocken über seine eigene weiße Decke. Judith zog den Handschuh wieder an. Die kalte Luft schien mit Fingern an ihre Nasenspitze zu greifen. Hatte sie ihren Lebensentwurf nicht allein ihrer Adoptivmutter zu verdanken? Hätte sie ihr, wenn sie noch lebte, von Samir erzählt? Von ihrer Liebe und dass sie auch nach den glühenden Nächten frühmorgens an die Arbeit gingen, die hart und gleichzeitig reizvoll war, weil sie sich nahe standen. Vom friedlichen Kontakt der Winzerfamilien, deren Söhne und Töchter ihnen den Rücken stärkten, als sie eines Abends ins Dorf tanzen gingen, zur

Musik einer Band, die musikalisch zwar zu wünschen übrig ließ, aber jedermann, auch sie und Juliette, mitriss, bevor sich ein paar junge Männer Samir entgegenstellten, ihn von Kopf bis Fuß abschätzig musterten und fragten: Was machst du denn hier? Der Satz blieb in der Luft hängen, weil Juliettes Cousins sie auf der Stelle aufklärten, dass er zu ihnen gehörte und dass sie zusammen arbeiteten.

Hätte sie ihrer Adoptivmutter von der Ernte Ende August erzählt, wenn sie schon um vier Uhr früh zu arbeiten anfingen? Und dass an einem dieser Tage Samir sagte, nun sei ihm sein Berufswunsch eingefallen, er wolle Wirtschaft und Umwelt studieren?

Hätte sie ihrer Adoptivmutter von ihrem ersten Eintauchen ins Meer erzählt? Während einer Mittags- und Ruhepause hatte Samir sie bei der Hand genommen und war mit ihr im Bus nach Marseille gefahren. An einem der Stadtstrände lagen sie nebeneinander im Sand, knapp bekleidet, streichelten und küssten sich unter einer betäubenden Sonne, im Ohr die Musik der Wellen, die sanft ans Ufer klatschten und langsam wieder zurückrollten. Wie auf ein geheimes Zeichen sprangen sie gleichzeitig auf und liefen ins Wasser. Sie schwammen hinaus ins Meer, zielten ins tiefere Wasser, um nacheinander zu fassen. Sie pressten ihre Körper aneinander, hielten sich umklammert, bis ihnen fast die Luft ausging. Beim Auftrieb lachten sie in ungetrübter Einigkeit. Samir schlug ein Wettschwimmen bis zu den Segelbooten und zurück an den Strand vor. Sie schwammen los, folgten einander mit langgezogenen Kraulschlägen. Bei den Segelbooten wechselten sie den Stil und schwammen in Rückenlage zurück. Sie hatten ungefähr denselben Abstand zum Strand, als Samir drehte und davon zog. Judith tat es ihm gleich, ein

Zwischenspurt, aber er watete vor ihr ans Ufer. Er hatte gewonnen, er durfte sich etwas wünschen.

Dass ich dich nie verliere, flüsterte er, bevor sie im Sand einschliefen.

Der Lärm johlender Kinder weckte sie. Sie mussten gleich zurück, um rechtzeitig mit ihrer Arbeit bei den Winzern fortzufahren. Über lange Zeit folgte ihnen ein Möwenschwarm. Als wolle er sie zurückholen. Auf der Rückfahrt im Bus leckten sie sich das Salz von der Haut und den Lippen. Judiths Gedanken waren beim Meer und nicht im Gemüsegarten, als sie Tomaten entzwei schnitt und zum Trocknen auslegte. Die Dosis Knoblauch, Salz, Thymian und Rosmarin verlor an Wichtigkeit. Sie hörte den Rhythmus des Wellenschlags, der nie anfing und nie aufhörte. Sie wünschte sich ans Meer zurück, einen Tag und eine Nacht lang im Lichtlauf der Gestirne, ihrem wechselnden Auf- und Untergang. Das Meer ging ihr voraus und folgte ihr.

Dass sie in den Weihnachtsferien wieder in die Provence fahren würde, tröstete Judith.

Ich war ja auch in den Herbstferien dort, haderte sie am Grab laut mit ihrer Adoptivmutter. Ich wäre gerne bei meinen Liebsten geblieben, hätte mit Juliette das Gymnasium bis zur Matur gemacht. Aber Dr. Welti war nicht einverstanden. Wer etwas auf sich hält, hatte er gesagt, bleibt in seinem Land, außer er muss fliehen, doch wer flieht schon aus der Schweiz? Du wolltest, dass ich bis zum Abschluss der Matur im Internat bleibe. Dr. Welti handelt nach deinem Willen. Aber du bist tot, hast du denn noch einen Willen? Hättest du mich ziehen lassen, wenn du noch lebtest? An diesen einen Ort, wo ich mich das erste Mal wirklich aufgehoben fühle in meinem Leben? Ich verlasse dich jetzt. Dieses Schuljahr schließe ich noch im Internat ab, doch für das Maturitätsjahr kann ich nicht garantieren. Wie ich es finanziell bewerkstellige, ist meine Sache. Dann kann Dr. Welti dein Geld behalten oder einem Kinderheim schenken. Ich werde ihn, wenn es so weit ist, benachrichtigen.

Das milchige Winterlicht verwandelte den Friedhof in etwas Konturloses. Die Grabmale sahen sich alle ähnlich, ein Gebilde Schnee auf einem Gebilde Stein. Die Krähen waren verschwunden. Drei Schläge der Kirchenuhr unterbrachen kurz die Stille. Ein seltsamer Taumel ergriff Judith. Sie dachte an ihr Lied. Warum hatte sie sich bis heute nicht gefragt, in welchem Land, auf welchem Friedhof ihre Eltern begraben waren? Sie sah ihr richtungsloses Leben vor sich, mit einem erhofften Ziel, das sie nicht kannte. Hatten ihr nicht Vater und Mutter das Leben geschenkt, eben dieses Leben, ohne dass sie sich Gedanken darüber gemacht hatte, was für Menschen sie gewesen waren? Vielleicht sah sie ihnen ähnlich. Sie wollten sie gewiss nicht verlassen. Sie waren bloß auf eine Reise gegangen. Auch wenn sie irgendwo unter der Erde Staub und Asche waren, glaubte Judith, ihren Geist zu spüren, der ihr Leben bewahrte.

Von den Blumen auf dem Grab blieb ein kümmerliches Häufchen. Seine Farbe unterschied sich nicht mehr vom Weiß des Schnees. Einmal hatte sie gelesen, dass der Schnee von der Stille träumt, die es auf dieser Erde nicht gibt. Judith schien, dass sich die Welt auf einmal mitten in einer einzigen Konversation befand. Ihr Herz klopfte schneller. Sie nahm Abschied von der Toten und der Weiße, von der man sagt, dass sie Ruhe in die Wörter bringt. Sie wollte keine Ruhe in den Wörtern, sie wollte

115

hinter ihr Geheimnis kommen, sie herausholen aus ihrem Versteck, sie wollte sie antreiben und durcheinander werfen, sie wollte sie laufen lassen.

Im Korridor kam ihr Agnes' glasklare Stimme entgegen. Judith näherte sich der Tür und hörte genauer hin. *I'd rather be a sparrow than a snail/ Yes I would, if I could, I surely would/ I'd rather be a hammer than a nail/ Yes I would, if only I could, I surely would …*
Judith trat leise ins Zimmer. Wie es singt und klingt, sagte sie, indem sie ihre Freundin umarmte, warum nicht: *Yes I could, because I would?*
»El condor pasa«, erklärte Agnes, ist eine alte peruanische Volksweise. Der Kondor ist das Symbol der Freiheit.
Ersetzt ein Symbol die Freiheit? Ich wollte, wenn ich nur könnte. Warum kann man nicht, wenn man will?
Der Wille des peruanischen Volkes war dem König untergeordnet. Aber das Volk kannte nicht nur die Unterwerfung, sondern auch den Aufstand. Vielleicht war gerade die Erkenntnis »Ich wollte, wenn ich nur könnte« der erste Schritt zur Revolte. Doch wie geht es dir? Du trägst noch Schnee im Haar und Kälte.
Ich habe mich am Grab meiner Adoptivmutter lange mit ihr und mit mir selbst auseinandergesetzt. Wie ein Vogel zog ich Kreise und fühlte mich auf einmal mit der Welt verbunden.
Da ist ein Brief für dich von Dr. Walter Welti.
Mit ihm habe ich mich auch befasst am Grab. Falls er nicht einsichtig ist und mich nicht frei über mein Maturitätsjahr entscheiden lässt, verzichte ich auf die finanzielle Unterstützung meiner Adoptivmutter.

Schon sind wir wieder bei der Freiheit. Oder bei der Abhängigkeit, wandte Agnes ein. Überleg dir das gut! Dr. Welti ist beauftragt, für dich bis zur Matura im Internat zu sorgen. Dann hast du ein Anrecht auf Geldmittel für ein Studium oder eine Berufsausbildung, wofür weder ein Ort noch ein bestimmtes Land vorgeschrieben sind. Du bist frei und ohne finanzielle Probleme.

Deinen Rat nehme ich an. Ich werde es mir überlegen. Vielleicht ist Rat wie Schnee, je weicher er fällt, desto länger bleibt er liegen und desto tiefer sinkt er ins Hirn. Sie öffnete den Umschlag und las den Brief vor:

An Judith Roos, mit Kopie an die Internatsleitung:

Kürzlich traf ich eine befreundete Rechtsanwältin, die längere Zeit in Südafrika gelebt und gearbeitet hatte. Da wir unter Kollegen – natürlich innerhalb des Berufsgeheimnisses – gerne über die laufenden Mandate reden, erläuterte sie mir, dass sie 1955 in Johannesburg ein Ehepaar mit dem Namen Thomas und Julie Ital kennengelernt habe – er Däne, sie Französin – zufällig an einem Abend, an dem Miriam Makeba, erst dreiundzwanzig Jahre alt, als erste schwarze Sängerin zum ersten Mal in Afrika in einem Nachtclub aufgetreten sei. Wie sie selbst hätten auch Thomas und Julie die Musikerin, die sich gegen das weiße Apartheidsregime, gegen Rassismus, Armut und für den Frieden in ihrer Heimat einsetzte, hoch geschätzt. Vom Ehepaar war ihr bekannt, dass Thomas als Ingenieur in Johannesburg gearbeitet und Julie ein Kind erwartet habe. Und dass sie beabsichtigten, nach Dänemark, Frankreich oder in die Schweiz zurückzukehren.

Seit meiner Begegnung mit der befreundeten Rechtsanwältin bin ich auf der Spurensuche nach Thomas und

Julie Ital. Es könnten Ihre Eltern gewesen sein. Ich halte Sie auf dem Laufenden.

Freundliche Grüße   Dr. iur. Walter Welti

Judith brach zuerst in Tränen aus und dann in Lachen. Auf einmal verlor die brennende Frage nach ihrer Herkunft an Gewicht. Auf dem Papier tanzten die Wörter und das Spiel »Mutter und Kind«. Sie hörte die Stimme, die ihr das Lied gebracht und das sie an sich genommen hatte. Die wiegenden, plötzlich verstummenden Töne. Sie fing leise an zu singen, *ju ma le um saa / da um se ju maa …*
Agnes schaute sie begeistert an.

Ich muss das Lied in Johannesburg gehört haben, als meine Mutter mit mir schwanger war, sagte Judith. Kinder hatten es auf der Straße gesungen oder Miriam Makeba im Club. Ich bin sicher, dass es aus Südafrika stammt und nicht nur eine Erinnerung, sondern auch eine Erkenntnis bewahrt. Außerdem glaube ich, dass meine Eltern das Talent und die politische Haltung der Sängerin bewundert haben.

Ja, sagte Agnes. Ich habe über Miriam Makeba gelesen. Sie ist die erste afrikanische Musikerin, die als internationaler Star in Europa und Amerika den Aufstieg geschafft hat. Weiß Dr. Welti von deinem Lied?

Nein, aber ich muss es ihm anvertrauen, ihm sagen, dass er auf der richtigen Spur ist. Vielleicht kann er eines Tages die letzte Ruhestätte meiner Eltern ausfindig machen. Ich wünsche es sehr.

Wenn du das Maturitätsjahr im Internat abschließt, sagte Agnes, hat er das mir zu verdanken, nicht wahr?

Und dem Schnee natürlich. Doch im Ernst, dir vor allem, damit wir zusammen unsere Freundschaft fortsetzen können.

Am Abend, an der Schwelle des Schlafes, in diesem Reich der rätselhaften Bilder, erkannte Judith das Leitmotiv ihres Lebens. War es nicht die Verschmelzung zwischen der Wirklichkeit und ihr selbst, hatte sie nicht den Schlüssel zu einem Geheimnis entdeckt? Sie fühlte die Luft, das Blut und das Feuer. Mit der Sprache wollte sie die verwirrenden Übergänge erfassen, ihre Wünsche ausbreiten und die Lebenskraft dieser friedlichen Nacht bewahren. In der Morgendämmerung würde sie den Tag aufsteigen und am Abend die Schatten sinken sehen.

Über die Autorin

Leonor Gnos, geboren 1938 in Amsteg-Silenen, Kanton Uri. Kaufmännische Berufsausbildung. Lernt verschiedene europäische Sprachen mit längerem Aufenthalt in England, Italien, Spanien und Griechenland. Lehrdiplome. Von 1988 bis 2009 unterrichtet sie in Paris Deutsch als Fremdsprache. Lebt seit 2010 in Marseille. Sie veröffentlicht Gedichte, Erzählungen und Novellen.

Letzte Publikationen: »Mohn am Schuh« (Gedichte, 2006), »Singende Städte«, (Gedichte, 2009), »Nelly N.« (Erzählungen, 2011), »Hier ist Süden« (Gedichte, 2012), Sammlung der Schweizer Poesie »Die Schrift der Sonne ist vertikal« (2013). Co-Autorin »Mäd Book 3« (Lyrik und Prosa, 2014), »Jenseits von Blau« (Gedichte, 2014), »Lichtfalten« (Gedichte, 2017), »fallen Wörter weiter« (Mäd Book Lyrik Drei, 2018) »Horizont 13« (Gedichte, 2020).